JULES LEMAITRE

LES MÉDAILLONS

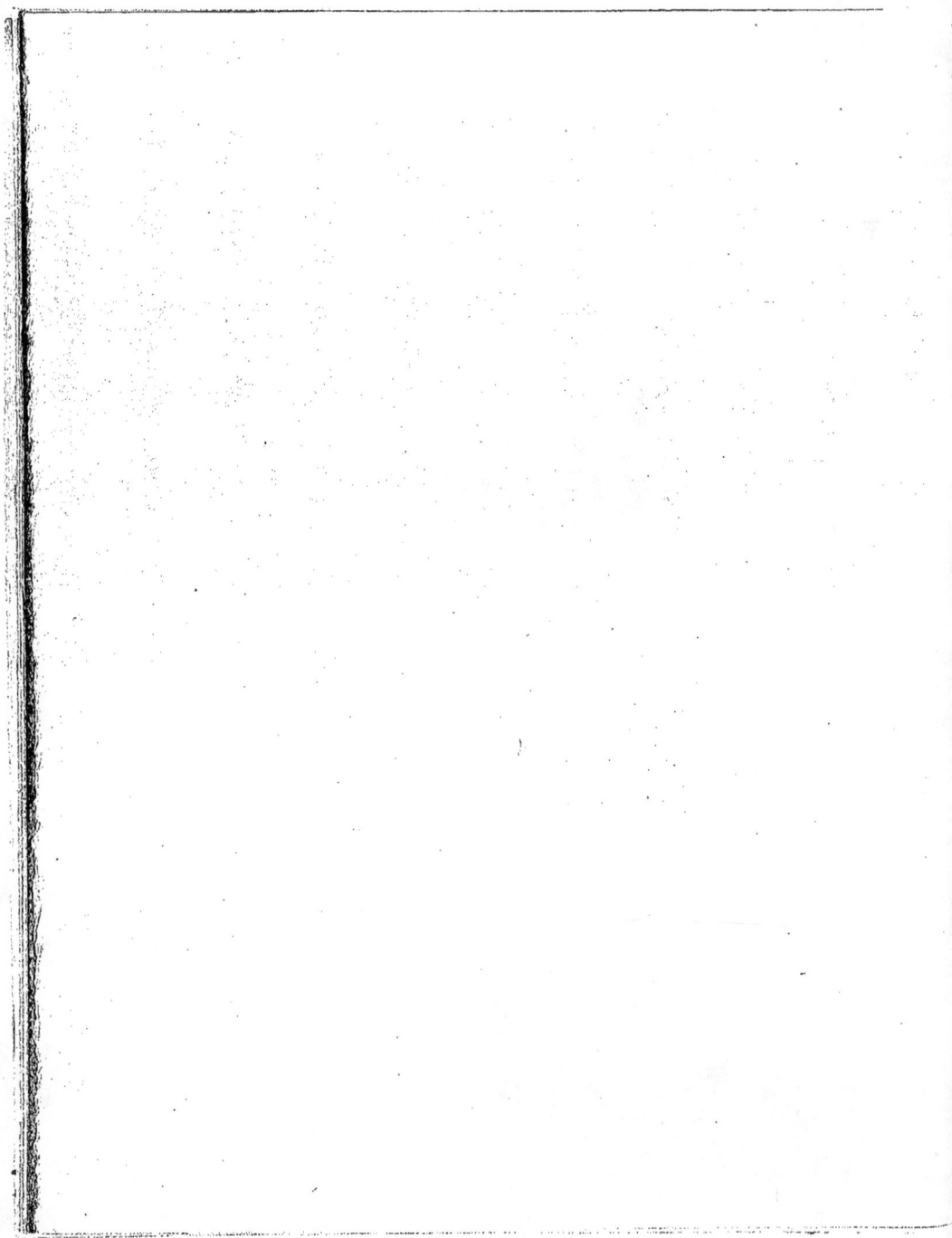

JULES LEMAITRE

LES MÉDAILLONS

PUELLÆ - PUELLA - RISUS RERUM

LARES

(1876 — 1879)

AUX DÉPENS DE LA SOCIÉTÉ
LES BIBLIOPHILES HAVRAIS
MCMXXX

JULES LEMAITRE

VENNECY 27 AVRIL 1853 — TAVERS 5 AOUT 1914

LES MÉDAILLONS DU HAVRE

LES écrivains ont, plus que tous autres, l'avantage ou l'infortune d'appartenir à ceux qui, fréquentant leurs œuvres et familiers de leurs idées, fouillent leur existence dans leurs courbes et arrivent souvent avec indiscrétion à connaitre tout ce qu'il est possible, quitte même à confondre l'auteur en coquetterie avec des faits, des lieux ou des souvenirs. Si les hommes politiques sont des hommes publics dont les moindres gestes sont consignés, interprétés ou déformés pour l'histoire ou par les histoires, l'écrivain est le premier sujet de roman pour ses lecteurs et d'exégèse pour ses commentateurs.

Les Bibliophiles du Hâvre veulent par un exemple pratique manifester leur existence de bibliophiles avec la publication d'une œuvre qui soit le cumul à la fois d'une pièce importante dans le travail d'un écrivain et d'une situation dans le cadre de leur active cité.

LES MÉDAILLONS répondent à ce double désir et la succinte histoire qu'on en va tracer ici justifie la stèle typographique dont la ville fondée par François Ier peut honorer Jules Lemaitre et dont elle peut aussi s'honorer.

La vie de Jules Lemaitre n'offre guère dans ses grandes lignes de mystères; personnage universitaire considéré, puis critique considérable, conteur exquis, auteur dramatique trop peu goûté, il fut vite officiel et tout ce qu'on put savoir sur sa jeunesse fut très tôt repéré et receuilli. D'ailleurs trois sources, en dehors des notices biographiques, vont étayer les renseignements qu'on va trouver ici : les notes de Myrriam Harry, un article documentaire de M. M. Henriet*) et Jules Lemaitre lui-même.

Après les premières scolarités qu'il fit à Tavers et à La Chappelle-Saint-Mesmin, Jules Lemaitre poursuivit ses humanités au petit séminaire de N. D. des Champs; c'est de là, et dès 1868 qu'on peut dater

---

*) Mercure de France 1-6-20 N 527

ses premiers essais poétiques. A l'École Normale Supérieure d'où il
devait sortir agrégé en 1875, il composait, presque, un recueil, échos
du Quartier et Souvenirs de ses admirations scolaires. Le 30 septembre,
il partait pour Le Hâvre comme chargé du cours de rhétorique au Lycée;
il y devint professeur à titre provisoire en 1876 et devait quitter cette
ville en 1880 pour Alger. C'est du Hâvre qu'il adressa à l'éditeur son
manuscrit des *Médaillons*, c'est au Hâvre qu'il en acheva les sujets et
l'agencement; toute une partie des poèmes et le sort même du volume
datent de ce lieu.

Chacune des poésies du recueil est le reflet du cadre, du milieu, de
l'étude qui l'a suggérée. Le *Risus Rerum*, c'est le pays natal et la mer;
les *Lares*, c'est le culte des ancêtres..... littéraires; Les inspirations
vivantes ne vont pas lui manquer.
En plus de sa classe au Lycée, le jeune agrégé professait des cours
à la pension que dirigeait Mlle Gyselinck; les jeunes filles de la société
qui y faisaient leurs classes, eurent pour la plupart, l'intelligence de
découvrir quel professeur leur était destiné et quelqu'une eut l'ingé-
nieuse idée de conserver des devoirs annotés, des sujets de composition
littéraire, des plans de leçons qui font le plus grand honneur au jeune
professeur amoureux de sa profession et travaillant déjà à ses délicats
portraits littéraires qui feront plus tard sa gloire. Pour exercer d'avantage
des dispositions aussi sérieuses que sûres, les circonstances manifes-
tèrent vite le talent de Jules Lemaitre; en 1878, une École Normale
professionnelle de filles s'ouvrit et Jules Lemaitre y enseigna; il débuta
comme conférencier, non seulement en prononçant le discours d'usage
à la distribution des prix de 1876 (*Éloge de la Musique*), mais en faisant
tous les quinze jours d'octobre 1878 à mars 1879 dans la salle des fêtes
de l'Hôtel de Ville, une série de conférences, véritables cours sur les
Romantiques, les Parnassiens, les Moralistes et les Contemporains (déjà);
ce qui intéresse particulièrement dans ce détail, c'est que le confé-
rencier citait en terminant ses portraits, le *sonnet d'un ami*; cet ami,
c'était lui-même; le sonnet est pris parmi ceux des *Lares*.

8

On connaît l'aveu que contient une de ces dernières causeries (janvier 1913) sur ses débuts au Hâvre:

„ . . . . Je n'étais pas beaucoup plus âgé que mes élèves. En réalité, j'étais encore plus jeune que mon âge. J'étais crédule tout en me piquant d'esprit critique, plein d'illusions, fou du Romantisme et de la Révolution. Mes livres de chevet étaient Victor Hugo, Michelet ou même Georges Sand dont je lisais et admirais alors jusqu'à Spiridion et Les Sept Cordes de la Lyre. Je ne sentais pas la vie et l'originalité extraordinaire de la seconde moitié du XVIIème siècle. Je préférais Corneille à Racine. Mais j'aimais les écrivains contemporains plus que tout, et j'ai gardé longtemps cette candide prédilection . . . .''

Si donc les réactions littéraires se manifestèrent si éloquement dans ses travaux, peut-on enregistrer les réactions du cadre, du milieu dans ses poésies? Il est tellement peu douteux qu'il ait pris parmi ses élèves quelque modèle à ses *Puellæ*, que Jules Lemaître s'est donné lui-même le soin de le nier quand tout concorde à forcer sa discrétion. Dans une déclaration de février 1907, Jules Lemaître certifie n'avoir pas eu des modèles parmi ses auditrices.

„Mes élèves, disait-il, n'inspirèrent pas ces vers; elles étaient presque des enfants. Plus tard, on y trouva des applications; les fillettes firent, avec leur imagination, certains rapprochements après mon départ.''

Il n'est guère difficile de leur accorder un brevet d'observation; eh! quoi, un professeur de 22 ans, éloquent, disert, délicat, n'aurait produit sur les imaginations de jeunes femmes presque aucune impression; et cet observateur ironique n'aurait vu dans aucune d'elles, la *Mammosa* par exemple, la *Phtisica* (dont il tirera plus tard *Le Mariage Blanc*) et *Severa*, protestante héroïque, elle qui va servir de première ébauche à cette tragique *Aînée*? De bon sens, on ne peut sans nier les dons d'observation de l'écrivain, nier l'échange du professeur aux élèves comme des objets au poète. Il paraît superflu même de se livrer à ce jeu, quand pour les lieux par exemple, ils portent leurs indications précises. Pour donner plus d'éclat à ces inspirations, un témoignage de Mme Myrriam Harry, d'après une confidence de Jules Lemaître lui-même, peut suffire : Ces jeunes élèves ne lui furent pas toutes indifférentes, et bien qu'il ne commit aucune erreur cornélienne, ce furent les fiançailles d'une d'elles qui ouvrirent en lui la première blessure d'amour ; le timide professeur n'avait pas osé se déclarer ; il souffrit... un moment ; cette inconnue, c'est la *Puella* même, celle à qui appartient cette ironique partie des *Médaillons*. Le littérateur a pu vaincre l'amoureux ; il ne tirera du Hâvre qu'épreuves professionnelles, certitudes de sa vocation, exercices profitables, pas de l'amour certes, mais de cette douce éloquence et de cette subtile critique qui fera sa très sûre renommée.

Son manuscrit est prêt ; il va l'adresser à celui des poètes contemporains qu'il révère et qu'il semble aimer le plus ; il lui dédie ses premiers vers ; cette dédicace a été maintenue dans les différentes éditions comme un témoignage d'estime ; mais il y a plus ; on va lire la lettre que le poète des *Tendresses* adressait le 28 septembre 1879 à son jeune confrère qu'il dut ainsi patronner.

LETTRE DE SULLY-PRUDHOMME

„Monsieur et cher Confrère,

Car vous rimez aussi ! Je n'en suis nullement surpris ; vous paraissez entrer trop intimement dans la pensée des poètes pour n'être pas leur complice. Je vous aurais remercié tout de suite de votre envoi et de la gracieuse intention que vous m'exprimez de me dédier ces sonnets, si j'avais eu votre lettre sans retard ; mais je vais et viens de la campagne à Paris, de sorte qu'il m'arrive de me croiser avec mon courrier.

Je suis très heureux d'apprendre que par nos goûts et aussi par nos relations, nous ne sommes pas l'un pour l'autre des étrangers. Monod est un de mes bons amis et c'est par lui que j'ai fait la connaissance de M. de Pomairols dont les poésies m'ont beaucoup intéressé ; enfin j'ai gardé le meilleur souvenir de M. Drion et de M. Anthaine, et je me rappelle, mais

10

vaguement, les premières dents de Pistolet*), aujourd'hui jeune homme distingué. Voilà bien des raisons pour que je me sente plus rapproché de vous et je serai tout-à-fait à l'aise pour vous dire combien vos sonnets m'ont plu, si je n'avais reçu de vous des éloges qui pourraient me faire un peu suspecter ma sincérité. Il faut bien cependant que je vous donne une opinion; il m'en coûterait trop de ne pas vous faire part de mon entière satisfaction. Vous croirez sans peine que, partisan fidèle de la correction classique des vers, j'approuve de tout mon cœur la construction sévère des vôtres. Vous versifiez consciencieusement, c'est-à-dire que vous n'avez pas de ces rejets arbitraires qui ne sont motivés que par l'embarras où les nécessités de la rime jettent le poète maladroit ou paresseux. Vous avez vaincu la très grande difficulté de concilier la richesse des rimes, aujourd' hui exigée, avec le respect de la structure classique des vers, difficulté devant laquelle reculent tous les poètes sans courage.

Rien ne pouvait m'être plus agréable que de trouver chez vous cette double qualité (de rimer richement et de scander régulièrement) qui est si rare ; il est vrai que la versification pour celui qui veut lui conserver cette qualité est devenue extrèmement difficile et rend presque impossible la confection d'un long poème ; il faut y apporter un effort trop prolongé. Les dix por- traits de jeunes filles sont charmants, parfaitement observés, plein de grâce et d'esprit. Inutile de vous dire que j'en accepte la dédicace avec le plus vif plaisir. Je vous signalerai seulement quelques passages qui m'ont un peu choqué. Je n'aime pas: „riche en convexités"**). Ce mot abstrait devient légèrement comique ce qui n'est pas, ce me semble, dans le ton du sonnet. „Elle a le calme et la bonté des créatures"***). C'est la seule fois, je crois, que vous ayez manqué à la règle de l'hémistiche. Mais l'exemple de plus d'un maître vous y autorise. Pour moi, je le regrette. Je n'oserai pas faire rimer, dans un sonnet surtout, „délié" avec „émacié"****). Ces rimes sont pauvres (par exception dans vos vers). Je ne vois pas d'autres faiblesses à relever...."

---

*) qui devint le général Anthaine. **) Dans le sonnet „Mammosa".
) Dans le même sonnet. *) Dans le sonnet „Phthisica".

11

On sait le reste; les faiblesses se retrouvent dans l'édition qui parut à la rentrée de 1880, quelques mois après l'adieu au Hâvre.

Puisqu'aussi bien Jules Lemaître professait pour les contemporains une admiration si vive, rien n'étonnerait plus que de ne le trouver pas dans le voisinage de Gustave Flaubert sans savoir qu'il alla rendre visite et hommage au solitaire de Croisset; c'est ainsi que Jules Lemaître fut chaudement recommandé à Guy de Maupassant alors attaché au Cabinet du Ministre de l'Instruction Publique:

,,*Jules Lemaître à qui j'ai promis ta protection près de Graziani, écrit Flaubert, se présentera à ton bureau. Il a du talent et c'est un vrai lettré, rara avis, auquel il faut donner une cage plus vaste que Le Hâvre...*"

Le brevet est légitime; la recommandation fut efficace; Jules Lemaître resta un an en Alger; il en revint avec un second volume de vers: ,,*Petites Orientales, Une Méprise, Au jour le jour*" qui parut en 1883, alors que professeur à Besançon, il allait quitter définitivement l'*Alma Mater* pour se consacrer entièrement aux Lettres.

En 1896, Jules Lemaître déjà connu et académisable réunit *Les Médaillons* aux *Petites Orientales*, les *Lares* à *Une Méprise*, le *Risus Rerum* à *Au jour le jour*; c'est une édition complète ou mieux collective fort amputée. *) Quelques Médaillons suggestifs et audacieux disparaissent: *Publica, Urbana, Rustica*; il leur substitue une fine portraiture de bas-bleu: *Litterata* et à la galerie des Nations, il joint une piquante: *Hispaña*. Les pièces du genre léger, les souvenirs du Quartier, ce qu'il y aura de plus finement montmartrois — si l'on veut — dans l'édition des *Médaillons* disparaît: *Étude de Prunelle, Son Chapeau, Rondel, Rondeau, Ballade de Questions, Ses Cheveux, Ballades* et même cette mélancolique *Nini Voyou*. La pièce *Odor di Femina* devient prudemment *Inquiétude*. Quant à la raillerie *Étude de Rhume*, elle est sup-

---

*) Il faut remarquer que même cette nouvelle édition marque la mesure poétique de Jules Lemaître, car dans l'originale, *Puellæ* et *Lares* portent en indication «*Première Série*», promesse qui n'a pas été tenue, première qui n'a jamais eu de seconde.

12

primée aussi, pour son réalisme sans doute. *Le Sucre,* pièce très savou-
reuse dans sons parralèle, l'est trop peut-être, pour demeurer dans une
édition chatiée; les autres changements sont moins importants; ils
affectent des titres ou des dédicaces.

Telle est donc l'histoire du premier livre de Jules Lemaître. Les Biblio-
philes Hâvrais ont quelque droit à le dire un peu de chez eux, un peu
leur. Sans doute, les modèles des principaux Médaillons sont effacés;
les élèves qui vers 1880 avaient, les unes admiré l'éminent professeur
et les autres peut-être éveillé les sentiments du jeune homme, se sont
dispersées et ont pour la plupart oublié les cours, les conférences de
Jules Lemaître à ses débuts; combien même parmi ses heureux audi-
teurs y ont contracté le goût de la lecture et celui de notre littérature
si féconde?... Qu'importe! Il est déjà heureux que quelques-uns s'en
souviennent et que parmi eux il en est qui se soient imposé un sacrifice
honorable en redonnant aux *Médaillons* leur physionomie première, en
saluant le souvenir de Jules Lemaître au Hâvre et en revêtant ces poè-
sies fines, spirituelles et calmes d'un habit qu'ils ont voulu beau et
durable et dont le timide professeur aurait été surpris et satisfait.

RENÉ-LOUIS DOYON

Paris, juillet 1929.

13

AU LECTEUR

UN poète inédit, dont nul ne sait les rimes,
Souffre en mon cœur étroit, médite sous mon front.
J'ai des songes, parfois, qui me semblent sublimes,
Et des chagrins obscurs qui me semblent sans fond.

Je voudrais, comme un autre, exprimer l'âme humaine,
La Vie universelle et ses secrets accords,
Interroger le Sphinx, chercher quel Dieu nous mène,
Dérouler la Légende où revivent les morts,

Des Sages indiens rajeunir les symboles,
Guider l'Oaristys dans les frais sentiers verts...
Mais, sitôt que je veux la traduire en paroles,
L'idée en fuite échappe à l'étreinte des vers.

Ma langue balbutie, inégale à mes rêves,
Et jamais leur beauté n'aura fleuri qu'en moi.
Mon objet est trop haut pour mes forces trop brèves,
Et le souffle me manque, et peut-être la foi.

Pourquoi, par plus d'effort, trahir plus d'impuissance?
Mon poème m'écrase, à peine commencé.
Puis mon rêve est sans doute une réminiscence;
D'autres ont déjà dit tout ce que j'ai pensé...

Donc, je veux oublier cet intime poète
Si vague et si caché que seul, hélas! j'y crois;
Et, ce labeur usant ma souffrance inquiète,
Je lime des sonnets ingénieux et froids.

I. PUELLÆ *)

A SULLY PRUDHOMME

*) L'originale porte:
I. Puellæ (Première Série.)
A Sully Prudhomme.

PHTHISICA

FRÊLE enfant, doux fantôme au contour délié,
Oh! parle bas, et sois de ton souffle économe!
Le drame inaperçu lentement se consomme;
La mort ronge en secret ton corps émacié.

Faut-il pleurer? Pourquoi? — Cher ange fourvoyé,
Tu partiras bientôt, ayant connu de l'homme
Ce qu'il a de plus chaste et de meilleur en somme:
La tendre sympathie et la sainte pitié.

Tu t'évanouiras comme l'âme des roses.
Tu n'auras point subi l'affront des ans moroses,
Et la maternité ne te flétrira pas.

Mais tu laisseras, pur de tout regret profane,
Au cœur de ceux qui t'ont rencontrée ici-bas,
Le souvenir léger d'une ombre diaphane.

MAMMOSA

RUBENS n'a point de Nymphe, en ses tableaux vantés,
Dont le sein copieux plus largement fleurisse.
Vierge, elle étale au jour des ampleurs de nourrice,
Les trésors d'un printemps riche en convexités.

L'âpre désir, éclos dans les cœurs tourmentés,
Ne trouble point la paix de ses yeux de génisse.
Jamais, sous l'épaisseur de sa chair blonde et lisse,
N'ont tressailli ses nerfs, en vain sollicités.

Son cœur paisible et lent n'aura point d'aventures.
Elle a le calme et la bonté des créatures
Dont rien ne contraignit le libre accroissement.

Ignorant le labeur ingrat des êtres frêles,
Sa jeunesse foisonne et sourit vaguement
Dans la sérénité des forces naturelles.

20

MODESTA

DANS un pensionnat de fillettes elle est
Sous-maîtresse. De noir vêtue, et très jolie,
— Petite mère aimante et qui toujours s'oublie, —
Elle excelle à montrer aux enfants l'alphabet.

La divine pudeur du dévoûment secret,
Sa tâche monotone avec zèle accomplie,
Ont mis sur sa figure ovale, un peu pâlie,
Un léger voile, un air sérieux, et qui plaît.

Certe il n'est point d'amant dont elle ne soit digne :
Mais elle craint pour nous l'épreuve, et se résigne
A sa pauvreté fière, et réserve son cœur.

Seul je connais sa grâce adorable et discrète,
Et je sens à la fois plaisir, peine et langueur
Pour t'avoir respirée, ô pure violette !

NIGRA

FLEUR vernissée, éclose au ciel haïtien,
La petite négresse arbore une toilette
De toutes les couleurs, rouge feu, violette,
Jaune, bleue, — et d'un goût ultra-vénitien.

Gants verts, chapeau grenat. Sur son nez simien,
Très fière, elle relève une blanche voilette.
Des tons exaspérés l'arnarchie est complète
Et poignarde en passant l'œil du Parisien.

Dans son museau d'ébène éclatent ses dents blanches.
Sa robe, à chaque pas, sur ses étroites hanches
Glisse et remonte avec un froufrou régulier.

Et l'on dirait vraiment, tant sa démarche ondoie,
Un petit serpent noir qu'on a voulu lier,
Fugace et sinueux, dans des chiffons de soie.

PUBLICA *)

«QUE payes-tu, monsieur?» dit-elle avec langueur.
Elle avale en courant vermouth, bière, anisette;
Puis, sur son front étroit mouillant quelque frisette,
Revient s'abattre auprès de son amant de cœur.

Dans l'impure taverne, il n'est point de liqueur
Plus malsaine ni plus frelatée, ô Suzette,
Que ton regard pervers, quand, me faisant risette,
Tu m'apportes des bocks baveux, d'un air vainqueur;

Quand tu surgis, lascive et les pieds dans les flaques
Qu'ont faites les fumeurs pleins de songes opaques,
— Telle aux pieds de Vénus l'écume des flots bleus, —

Et quand, sous le gaz cru, parmi l'âcre buée
Flambent insolemment tes charmes crapuleux,
O gouge aux yeux bistrés, à la voix enrouée!

---

*) Les trois sonnets qui suivent, supprimés dans l'édition
collective de 1896, sont remis ici à leur place comme dans
l'originale et avant *Littérata* qui les remplaçait.

URBANA

VERS neuf heures du soir, le samedi souvent,
Le petite ouvrière — elle a quinze ans à peine —
Seule, loin du logis trop étroit, se promène
Dans la grand' rue, à petits pas, le nez au vent.

Œil mobile, minois pâli, mais très vivant,
Sentant la fille en elle éclore sous l'haleine
Chaude et dans les odeurs de la ville malsaine,
Plate encore, elle va la poitrine en avant.

Elle a — qui sait pourqoi? — sa robe la plus belle,
Un pouf, de hauts talons, quelques bouts de dentelle
Et curieusement regarde les messieurs,

Puis tout à coup, sur les vitrines des orfèvres
Où flambent des joyaux et des ors précieux
Elle fixe ardemment ses yeux tout pleins de fièvres.

RUSTICA

C'EST une fille courte et drue, avec des flancs
Carrés, d'épaisses mains, une poitrine ronde.
Elle a les bras tannés, la crinière très blonde,
Les yeux bleu de faïence et les cils presque blancs.

Comme la sève aux troncs, son sang coule à flots lents
Et sous la brune peau paisiblement abonde ;
Et c'est une beauté luisante et rubiconde
Et qui travaille dur sous les soleils brûlants...

Mais dans les champs parfois, personne n'étant proche,
Elle interrompt l'ouvrage, et tire de sa poche
Une lettre, et s'assied tout contre un tas de foin....

Cela vient de l'armée ; et l'écriture informe
Serpente ; et le papier est rose ; et dans un coin
Fleurit, peinte crûment, une pensée énorme.

ORPHANA.

ENFANT de l'hôpital, pauvre être châtié,
Elle est «petite bonne», et lave, frotte, gratte.
Vide et remplit des seaux, geignant, tirant la patte
Et portant de travers son buste dévié.

Le soir, elle s'assied enfin, morte à moitié,
Croisant ses bras roidis sur sa poitrine plate.
Des taches de rousseur sèment sa face ingrate,
Et sa misère fait plutôt mal que pitié.

Une vague stupeur est dans ses yeux étranges
Pleins du ressouvenir des douleurs et des fanges
Où sa mère inconnue a dû vivre et mourir.

Trop laide pour le vice, ombre ratatinée,
Blême, ayant juste assez de force pour souffrir,
Elle traîne la honte et l'effroi d'être née.

26

LITTERATA *)

BLEUS, mais d'un bleu si tendre! ils sont tout tout bleus, ses bas,
Et sa cheville d'ange est par l'azur baisée.
Du vin pur des penseurs innocemment grisée,
C'est de prose et de vers qu'elle fait ses repas.

Les Classiques sereins la bercent dans leurs bras.
Elle vole de l'un à l'autre, inapaisée,
Comme un oiseau parmi les marbres d'un musée ;
Et les Parnassiens ne l'épouvantent pas.

Son culte pour Hugo va jusqu'à la démence.
Le poète, incliné, verse son âme immense
Dans cette âme d'enfant, vase mystérieux...

Petite, je voudrais, quand mes yeux, d'aventure,
Rencontrent ton regard candide et sérieux,
T'embrasser pour l'amour de la Littérature.

---

*) Ce sonnet parait pour la première fois dans l'édition collective
de 1896.

SEVERA

QUOI ! rómanesque avec cet air froid, ces discours
Mesurés, cette grâce austère et résignée ?
En elle tout garçon voit une sœur aînée :
Nul ne se sent troublé par ses yeux de velours...

Elle a placé si haut, close aux vaines amours,
L'idéal de l'époux où se croit destinée
Son âme sérieuse en son rêve obstinée,
Qu'elle le cherche encore et l'attendra toujours.

C'est pourquoi sa bonté se voile de tristesse.
Les filles de quinze ans révèrent sa sagesse
Et lui content souvent leurs secrets, à l'écart.

Et sur cette jeunesse empressée autour d'elle,
Confidente obéie, elle exerce avec art
Une autorité douce et déjà maternelle.

MONACHA

DES cornettes de lin le rempart éternel
A jeté sur son front comme une ombre glacée;
Et sa face a pâli, par le sang délaissée,
Ignorante du hâle et des baisers du ciel.

Et les longs chapelets murmurés à l'autel,
Des liens continus d'une seule pensée
Enveloppant son âme immobile et blessée,
L'isolent des vivants et du monde réel.

Sa voix, jamais émue, a des notes lointaines.
Calme, ayant désappris les tendresses humaines,
Sa charité secourt, et ne console pas.

L'âme, absente à jamais de ses yeux froids de vierge,
Habite ailleurs, et laisse errer seul ici-bas
D'un mouvement réglé son corps blanc comme un cierge.

GALLA

TA grâce apaiserait le juste aux rubans verts,
Simple et bonne Henriette, ô ma chère Française !
Sans louche pruderie et sans candeur niaise,
Tu regardes Clitandre avec tes grands yeux clairs.

Qu'à d'autres Trissotin porte ses petits vers !
Ton brave esprit connaît les hommes, et les pèse :
Adorable bon sens, et qui nous ravit d'aise,
Car ta gaîté persiste et rayonne au travers.

Acceptant sans humeur la nature et la vie
Comme elles sont, jamais tu n'eus la moindre envie
Ni d'être un esprit pur ni d'être un bel esprit.

O très loyale amie et très sereine amante
Dont le cœur va tout droit et la sagesse rit,
Le grand Molière en toi mit son âme charmante.

BRITANNA

POUR dire la fraîcheur de sa bouche, il n'y a
Que la rouge cerise, au matin, sur la branche;
Et je ne sais, pour dire à quel point elle est blanche,
Que la blancheur du lait ou du camélia.

Le blé fauve, que ta crinière humilia,
En buvant du soleil cherche en vain sa revanche.
On voit luire en tes yeux plus bleus que la pervenche
Ta douce âme enfantine, ô sœur d'Ophélia!...

Et penser que ses dents s'allongeront en touches
De piano; quelle aura, vieille, des pudeurs louches,
Que ses os sailliront, que sa peau jaunira,

Que ça sera moral, sec, anguleux et rêche,
Que ça lira la Bible et que ça s'en ira
En voile bleu, flanqué d'enfants, brailler au prêche!

HISPAÑA *)

Sonnet Romantique

INÈS dans son boudoir s'est assoupie un peu ;
Ses longs cils sur ses yeux ont abaissé leur frange,
Et ses cheveux pesants, que le sommeil dérange,
S'écroulent sur sa tempe, où dort un reflet bleu.

Le chapelet qu'elle a mis à son cou par jeu
Descend et monte avec son sein couleur d'orange.
Bacchante aux flancs houleux pieuse comme un ange,
Elle aime infiniment les beaux hommes et Dieu.

Entre ses doigts lassés un papelito fume
Et, répandant son âme exotique, parfume
Toute la chambre, comme un subtil encensoir.

Et la comtesse Inès ouvrant sa bouche rose
Rêve (le temps est lourd, il fait bien chaud ce soir)
Au muletier qui va de Séville à Tolose.

---

*) Ce sonnet paraît pour la première fois dans l'édition
collective de 1896.

32

PARISIA

LE caprice a pétri le bout de nez qu'elle a;
Le caprice endiablé sous son front caracole;
Le caprice a taillé son corsage qui colle,
Ses chiffons compliqués, son pouf à tralala.

Je ne sais que penser de cette fille-là,
Et la mobilité de ses yeux me désole.
Elle est boulevardière et fait des mots. La folle
Raille le sentiment et lit monsieur Zola.

Bonne et franche d'ailleurs. Mais quoi! cette étourdie
Aime à l'excès le bal, le sport, la comédie,
Et dans son tourbillon m'emporte sans me voir.

J'adore cette enfant, et c'est là mon martyre:
Elle n'a pas le temps de s'en apercevoir
Et ne me laisse pas le temps de le lui dire.

LUSCA

ELLE est louche, — et c'est là son charme essentiel, —
Louche si peu que rien, adorablement louche.
L'un de ses yeux sourit d'accord avec sa bouche,
Et l'autre vaguement rêve et tend vers le ciel.

Près de l'œil de Vénus c'est l'œil d'Alaciel.
L'un est tendre et luisant, l'autre est pur et farouche.
Une crainte se mêle au désir qui me touche:
Je subis l'œil mystique après l'œil sensuel.

Sous leur double regard je suis ange et satyre:
L'un m'attache à sa robe, et l'autre en haut m'attire.
— Pourtant l'angle est étroit que font leurs deux rayons. —

L'un est prude et chrétien; Pan dans l'autre étincelle.
Je leur voue à tous deux mes adorations:
Mais l'un me décourage et l'autre m'ensorcelle.

DEA

GLOIRE à la jeune Hébé! Son sein de marbre pur
Est frais éclos; et dans sa grâce inachevée
La maternité dort, pressentie et rêvée,
Comme au clair renouveau germe l'été futur.

Elle rit, elle attend. Son corps à peine mûr,
Où l'immortalité de la race est couvée,
S'incline mollement; et de sa main levée
Elle tend une coupe à quelqu'un dans l'azur.

Et ce n'est pas pour toi, Roi Zeus! mais pour les hommes.
Car nous y viendrons tous, et tous tant que nous sommes
Nous y boirons l'amour et les vastes espoirs,

Le philtre universel dont la terre s'enivre,
L'illusion par où s'allègent des devoirs
Et les songes qui font que l'on consent à vivre.

II. PUELLA

PRÉVOYANCE

MON amour survit à l'espoir.
Quoique ma dame m'abandonne,
Dans mon cœur toujours il bouillonne
Comme un vin capiteux et noir.

Le vin, frais jailli du pressoir,
Aux flancs du verre s'emprisonne.
Mûr et calmé, vienne l'automne,
On le boira par un beau soir.

Pour que le temps aussi l'apaise,
Pour le boire un jour à mon aise,
J'enclos en menus verselets

Mon pauvre amour; et dans mes veilles,
Soigneux, je le mets en sonnets
Comme on met son vin en bouteilles.

LE DON JUAN INTIME

A Charles de Pomairols

TOUTES les fois qu'une de vous,
Dupe de la pire chimère,
O vierges, fait pleurer sa mère
Et la quitte pour un époux,

Pour peu qu'elle me soit connue,
Qu'elle m'ait plu, fût-ce un moment,
Qu'elle m'ait tendu gentiment,
Un soir, sa main souple et menue,

Malgré moi, d'un regret obscur
Mon âme en secret est saisie.
Ce n'est point de la jalousie:
C'est une souffrance à coup sûr.

Et pourtant jamais auprès d'elle
Je ne me sentis inquiet.
Rien d'intime ne nous liait:
Elle ne m'est point infidèle.

J'appréciais ces cheveux drus; *)
J'avais bien vu qu'elle était rose,
Que ses yeux disaient quelquechose;
Bleus? noirs? je ne sais déjà plus,

---

*) Cette strophe et la suivante ne figurent que dans
l'édition originale.

Ses façons douces et gentilles
Se trouvaient assez de mon goût.
Elle me plaisait, — mais c'est tout, —
Comme tant d'autres jeunes filles.

D'où vient donc ce chagrin subtil *)
A penser qu'elle se marie?
Que m'importe à moi, je vous prie?
Et quel tort cela me fait-il?

J'ai cette manie incurable
D'aller toujours subtilisant;
Et j'éprouve ici ce qu'on sent,
Hélas! devant l'irréparable.

Oui, quelque chose va mourir
De délicieux et de tendre
Que rien ne pourra plus lui rendre
Et qui ne saurait refleurir:

Cette chasteté qui s'ignore,
La candeur des grands yeux distraits,
Je ne sais quoi de pur, de frais
Et de léger comme une aurore.

Elle sera dame et n'aura
Plus de rougeur involontaire.
Ses grâces perdront leur mystère,
Sa beauté se précisera...

_____

*) Texte des éditions postérieures:
D'où vient ce chagrin puéril...

Puis les grossesses impudiques,
Brutal dénoûment des amours,
Vont outrager ses fins contours,
Profaner ses flancs angéliques.

Sa beauté peut survivre ; mais
C'en est fait, après ces épreuves,
De la douceur des lignes neuves,
Du charme incomplet que j'aimais.

Si le fruit mûr tente les bouches,
La fleur contient plus d'inconnu.
C'en est fait du torse ingénu
Et des gracilités farouches.

Je porte le deuil insensé
D'une chose vague et charmante.
Qu'un bourgeois loue et complimente
La vierge au bras du fiancé !

L'aube innocente qui frissonne
Dans ses yeux humides et doux
Hier appartenait à tous,
Puisqu'elle n'était à personne.

Discret et sans rompre le rang,
J'en jouissais autant qu'un autre ;
Elle était mienne, elle était vôtre :
On nous l'enlève, on me la prend !

Un garçon bien mis l'a conquise.
Et pourquoi lui, mon Dieu? pourquoi?
Bien qu'elle ne fût pas à moi,
Je suis triste qu'on me l'ait prise.

Car cet inconnu m'a volé
Des chances de joie ou de peine.
Il a rétréci le domaine
Où flottait mon rêve envolé.

Je te plains, pauvre endolorie
En proie à ce béotien!
Moi, je te comprendrais si bien
Et je t'aimerais tant, chérie!

Toutes les fois qu'une de vous,
Vierges dont j'adore la grâce,
Vêt sa robe de noce, et passe
Aux mains avides d'un époux,

Mon âme envieuse est saisie
D'un chagrin qui n'a rien d'obscur;
C'est un mal cruel, à coup sûr,
Et c'est bien de la jalousie.

Au fond, nos désirs jamais las
Ont soif d'infini. Plus de doutes:
Jeunes filles, je vous veux toutes,
Et c'est stupide, n'est-ce pas?

Les yeux secs et la bouche close,
J'étouffe dans mon cœur plaintif
Un Don Juan candide et craintif
Qui voudrait pleurer et qui n'ose.

ODOR DI FEMINA *)

SEUL dans ma chambre de bohème,
Sanctuaire clos aux bourgeois,
Je travaillais au grand poème
Qui me hante depuis deux mois.

Ses beautés n'étaient plus latentes
Et commençaient à m'agréer;
Après l'angoisse des attentes,
Je sentais l'orgueil de créer.

Mais hier j'ai fait la sottise
D'aller «dans le monde», voilà!
Une bande, une bande exquise
De jeunes filles était là.

Toutes avaient cette ignorance,
Toutes ce regard pâle ou noir,
Toutes cette molle attirance
Qui nous fait mal sans le savoir.

Près des vierges mystérieuses
Je ne suis jamais rassuré:
Car à leurs grâces sinueuses
Je sais qu'un jour je me prendrai,

---

*) Le titre dans les autres éditions que l'originale est:
Inquiétude.

45

Que je serai par l'une d'elles
Heureux un jour ou malheureux,
Que deux petites mains — lesquelles? —
Tiennent mon sort aventureux.

Or ces peurs, ces désirs, ces doutes
Déséquilibrent un penseur.
Ce soir-là je les aimais toutes,
Je leur parlais avec douceur :

Et c'était une causerie
Adorable et vide, où parfois
Le rire en claire sonnerie
Couvrait le murmure des voix.

Rougeurs d'aube, blancheurs de cygnes
Baignaient mes yeux ; et l'ondoiement
Des belles formes curvilignes
M'enlaçait invisiblement.

Hostiles aux fermes pensées,
Des langueurs filtraient sous les cils.
Au froufrou des robes froissées
J'oubliais les rythmes virils.

Au souffle des jeunes poitrines
Inquiètes sous le corset,
Au charme des voix féminines
Mon faible cœur s'amollissait.

46

Et le parfum des chevelures,
Subtil, à l'air tiède mêlé,
Endormait les rimes futures
Aux coins de mon cerveau fêlé...

Hélas! quand je repris ma tâche,
Je rongeai mes ongles en vain.
J'étais à méditer plus lâche
Qu'un ivrogne cuvant son vin.

Un amour m'est venu farouche
Et qui n'a point où se poser;
Et, sans savoir sur quelle bouche,
J'ai soif et j'ai faim du baiser.

Mon œuvre, avec foi commencée,
Je ne puis plus la ressaisir,
Voilà que sombre ma pensée
Sous les brumes de mon désir.

L'éternel féminin m'assiège...
Ce désir obscur et pressant,
Sans but et sans frein, ne pourrais-je
Le maîtriser en le fixant?

C'est une bizarre infortune
D'aimer vingt filles; et je vais
Tout simplement en aimer une,
Rien qu'une, pour avoir la paix!

CRISTALLISATION

J'IGNORE le son de sa voix.
Lorsque sa mère la promène,
Je la rencontre une ou deux fois,
Deux fois au plus, chaque semaine.

C'est assez pour entretenir
Le pur foyer de ma tendresse
Et redorer le souvenir
De ma chimérique maîtresse.

Cette fille est un canevas
Où, déroulant sa broderie
Aux dessins fiers et délicats,
Court ma splendide rêverie.

Elle me fournit le motif;
Et j'enroule à ses mélodies,
Comme un virtuose inventif,
Mes variations hardies.

Seul, loin du vulgaire importun,
Je la respire fraîche éclose,
Sans trop savoir si le parfum
Vient de mon âme ou de la rose.

J'aime à la voir s'épanouir,
Fin calice aux odeurs divines;
Mais, ne voulant pas la cueillir,
Je ne connais pas ses épines.

Je suis un platonicien,
Un rêveur adorant son rêve.
Du monde ingrat je ne crains rien:
Je n'ai pas peur qu'il me l'enlève.

Qu'elle soit tout ce qu'il lui plaît,
Bonne ou méchante, sage ou folle,
Je veux l'ignorer: elle n'est
Pour moi qu'un gracieux symbole.

Je lui demande seulement
De vivre, d'être jeune et belle.
Égoïste et commode amant,
Je l'aime pour moi, non pour elle.

Je l'aime en naïf épris d'art,
Comme on aime la Vierge au voile,
Une sonate de Mozart,
Et comme l'on aime une étoile...

*
* *

Eh bien, non, non! mille fois non!
Je ne suis pas cet imbécile!...
Sur des nuages de linon
Rêve ce soir Phébé tranquille.

49

Le flot alangui vient conter
Sa tristesse amère à la dune;
L'Océan semble palpiter
Sous l'œil de sa blonde, la lune.

Et des jardins de Frascati, *)
La brise m'apporte, amollie,
Un couplet de Donizetti,
D'une ardente mélancolie.

Puissant et doux, tendre et vainqueur,
Cet air achève ma défaite.
Je sens descendre dans mon cœur
Mon pédantesque amour de tête.

Aimer de loin tient le cœur frais:
Mieux vaut brûler, quitte à s'éteindre;
Et je voudrais l'aimer de près,
Dût mon pauvre Idéal s'en plaindre.

Cet astre est doux à voir briller,
Mais je suis sot quand il se voile.
Et, dût ma patte s'y griller,
Je voudrais décrocher l'étoile!

---

*) Dans les éditions postérieures à l'originale, les
deux vers sont ainsi: Et, de Frascati reverdi,... Une
romance de Verdi.

LA CRUELLE COUTURIÈRE

CELLE qui m'a, l'an passé,
D'un trait si soudain blessé,
Œil brûlant et cœur glacé,
    Blanche et fière,
La méchante au teint de lait
Dont la cruauté me plait,
Sachez, mes amis, qu'elle est
    Couturière.

Ce qu'elle coud, ce n'est pas
Mérinos, faille ou lampas,
Tarlatane, jaconas,
    Mousseline;
Ce n'est pas, sachez-le bien,
Le cachemire indien,
Ni le crêpe aérien
    De la Chine.

Non: l'étoffe où court son fil
Est un tissu plus subtil,
Plus léger, si fin soit-il,
    Que le tulle;
Plus clair que n'est au printemps
Ton aile couleur du temps,
Fleur vivante des étangs,
    Libellule!

C'est — coulez, coulez, mes pleurs ! —
Une riche étoffe à fleurs,
De plus suaves couleurs
    Nuancée
Que les tapis d'un bassa;
C'est — l'Orient ne tissa
Jamais rien d'égal à ça —
    Ma pensée.

Elle allait je ne sais où
D'un essor bizarre et fou,
Chiffon de l'azur, joujou
    De la brise,
Frôlée au coin d'un hallier *)
D'un vol d'oiseau printanier,
A des branches d'églantier
    Parfois prise.

Ce beau tissu non pareil,
Transparent doux et vermeil,
Que le grand peintre Soleil
    Enlumine,
Un matin passa trop près
De ton museau jeune et frais,
Vierge aux perfides attraits,
    O gamine!

---

*) Les éditions de 1896 portent: „sentier."

Et de ses plis importuns
Effleura tes cheveux bruns
Et ta nuque de parfums
     Imprégnée...
Or, ce beau tissu sans prix,
Fait de mes pensers fleuris,
La féroce enfant l'a pris
     A poignée;

Puis elle l'a chiffonné,
Tripoté, pelotonné,
Et durement bouchonné,
     Je vous jure!
Puis, l'ayant ainsi reçu,
A sa robe elle a cousu
Le mol et brillant tissu
     Pour doublure.

Elle eut, pour le coudre ainsi,
Force aiguilles, que voici:
Les pointes de mon souci
     Qu'elle irrite,
Son caprice qu'avec art
Elle aiguise comme un dard,
Les flèches de son regard
     Hypocrite...

Et si l'aiguille un moment
Bronchait sous son doigt charmant,
Pour la changer, brusquement
      Sa menotte
Dans le cœur me la plantait;
Et mon cœur, qu'ensanglantait
Un cent d'aiguilles, était
      Sa pelote.

MUSICA

PRÈS du piano j'étais assis :
O ses petites mains agiles !
Dans les passages difficiles
Elle fronçait ses noirs sourcils.

Sérieuse comme Uranie,
Elle gardait, il m'en souvient,
Cette majesté qui convient
Aux prêtresses de l'harmonie.

A peine si, de temps en temps,
Brusque et de royale manière
Elle rejetait en arrière
Ses cheveux noirs et long flottants.

Je l'admirais, déesse et nixe,
Le front calme, les doigts fiévreux...
Dans leur voyage aventureux
Je les suivais d'un regard fixe.

Ivre, je les voyais passer,
Ces dix doigts blancs que rien n'arrête,
Violents comme une tempête
Ou caressants comme un baiser.

Pâle sous leur vol, et stupide,
Je rêvais, prompt à m'effrayer,
Que mon cœur était le clavier
Où voltigeait sa main rapide...

ÉTUDE DE PRUNELLE *

AU fond de son œil qu'elle éclaire
Flambe, immobile, étrange à voir,
La splendeur sombre et circulaire
D'un diamant qui serait noir.

De minces triangles rassemblent
Autour du diamant central
Leurs pointes étroites, et semblent
Faits d'un précieux minéral.

Ces triangles, pareils aux jantes
Rayonnant autour d'un moyeu,
Déroulent en lueurs vivantes
Toutes les nuances du bleu ;

Bleu des songes dont on s'énivre,
Du ciel orageux ou serein,
Et bleu de sulfate de cuivre,
Et bleu d'ardoise, et bleu marin,

Bleu de pervenche humble et pudique,
Bleu des vins alcoolisés....
Dans un ordre périodique
Tous ces bleus sont juxtaposés.

Un filet d'or, très fin, sépare
Les cent triangles merveilleux
De cette mosaïque rare
Où chante la gamme des bleus.

------

* Supprimée dans l'édition collective de 1896.

Que l'orfèvre taille et polisse!
Nul ne rêva, ne cisela
Si fier bijou qui ne pâlisse
Devant cette prunelle-là.

SON CHAPEAU *)

Au coin de son petit chapeau,
Parmi les fleurs et les dentelles,
Brille un joli petit oiseau
Un oiseau-mouche aux fines ailes.

Il voudrait — le ciel est si beau, —
S'envoler où l'azur l'appelle;
C'est en vain: il a pour tombeau
Les cheveux de ma chère belle.

Pauvre oiselet, le cœur percé
Une épingle le tient fixé
Par une invisible morsure.

Je suis son captif aussi, moi:
Elle m'a piqué comme toi
D'une flèche légère et sûre.

*) Ne fait point partie de l'édition collective de 1896.

58

RONDEL *)

MA belle a quitté son manteau
Doublé de martre zibeline;
Et rose sous la mousseline,
Elle entre au bal d'un pas d'oiseau.

Il n'est barbon ni jouvenceau
Que son clair regard ne fascine.
Ma belle a quitté son manteau
Doublé de martre zibeline.

Plus douce que le renouveau
Rit sa grâce encore enfantine.
Telle qu'une rose églantine
Brise en avril son vert fourreau,
Ma belle a quitté son manteau.

---

*) Supprimé dans l'édition collective de 1896.

RONDEAU *)

LES petits pieds, ses petons,
Ses innocents ripatons
Aux cambrures serpentines
Tout pleins de grâces mutines,
Dieu! qu'ils sont blancs et mignons!

Ils sont roses aux talons,
Ils ont à leurs dix doigts ronds
Pour ongles des cornalines,
      Ses petits pieds.

Leur servir de paillassons
Plairait à bien des garçons,
Glissez-vous dans des bottines
Et mangez, Rimes câlines,
De baisers très doux, très longs
      Ses petits pieds!

*) Supprimé dans l'édition collective de 1896.

60

RENCONTRE

JE l'ai vue, et de près.
Dans ses yeux luit son âme...
Mai chut! brûlons sans flamme;
Mon cœur, soyons discrets.

O vent, tu murmurais
Un vague épithalame.
Je l'ai vue. — Et qui? — Dame!
Celle que je ferais,

Si j'étais dieu, déesse,
Si j'étais duc, duchesse,
— Commode, ce refrain! —

Si j'étais czar, czarine,
Et partant mandarine
Si j'étais mandarin.

BALLADE DES QUESTIONS *)

LE jour où, l'ayant rencontrée,
Je l'adorai du premier coup,
J'ai vu sa crinière lustrée,
Ses petits pieds, son nez, son cou....
A qui saurait, capédédiou!
Donner à mes deux yeux l'étrenne
De sa jambe et de son genou,
J'offre un beau sonnet pour sa peine.

Le soir, dans sa chambre encloîtrée,
Quand, ayant tiré son verrou,
Elle s'endort, de blanc parée
A l'heure où veille le hibou,
A quoi songe ce cher bijou?
Où vas sa pensée incertaine?
A qui voudra bien me dire où
J'offre un beau sonnet pour sa peine.

Est-elle simple ou mijaurée,
Celle qui me change en toutou?
Est-elle tendre? évaporée?
Son cœur est-il en amadou?
Prend-elle amour pour un joujou?
Est-elle méchante et hautaine?
A qui réprondra, point grigou,
J'offre un beau sonnet pour sa peine.

_____

*) Supprimée dans l'édition collective de 1896.

62

ENVOI

Oiseaux des bois, merle ou coucou
A qui de vous, voyant ma reine
Lui dira : ,,Pitié pour un fou !"
J'offre un beau sonnet pour sa peine.

SES CHEVEUX *)

A Gustave Flaubert

C'ÉTAIT au concert. Un concert classique :
Sonates, morceaux à grand falbala.
Mais j'écoutais peu la noble musique
Et je n'étais point venu pour cela.

Les cheveux pendant comme des infules,
Un monsieur très pâle au regard pensif
De ses doigts pareils à des tentacules
Allait torturant un clavier plaintif.

Un autre monsieur, grave et plein de zèle,
Chauve comme vous, boules de jardin !
Grattait avec foi son violoncelle,
Comme un Auvergnat qui scie un rondin.

Laissant dans le vague errer ses yeux troubles,
Un roulis énorme enflant son corset
D'un breuvage amer fait de croches-doubles
Une dame en blanc se gargarisait....

Dans l'oreille en vain m'entrait cette vrille,
Je n'y songeais pas : car j'étais assis
Derrière la froide et charmante fille
Dont les crins sont noirs comme mes soucis.

---

*) Cette pièce est supprimée dans l'édition collective
de 1896.

64

Le flot débordé de sa chevelure,
Noir à faire peur, coulait à torrent
Sur ses reins cambrés, jusqu'à sa ceinture,
Souple, impétueux, âpre et doux fleurant.

Dans ce flux d'ébène à l'épaisse houle
Mon âme flottait, morte, à l'abandon,
Telle qu'un noyé que la vague roule
Dans un fleuve anglais tout noir de charbon.

Je rêvais ainsi, tapi derrière elle,
Les yeux clos, le nez sur ses cheveux bruns;
Une ivresse obscure et surnaturelle
Berçait mon cerveau grisé de parfums....

Un désir me vint, fougueux, famélique,
De lui dérober sans autre façon,
Pour la conserver comme une relique,
Une mèche, au moins, de l'ample toison.

Mais je n'avais point de ciseaux; que faire?
Un ut merveilleux, — je l'entends encor, —
Suraigu, vibrant, extraordinaire,
Jaillit du gosier du jeune ténor.

Le public béait... minute suprême!
Je saisis soudain, n'osant respirer,
La lourde toison de l'enfant que j'aime;
J'en remplis mon poing, mais sans la tirer;

Et puis, l'approchant de ma lèvre sèche ;
Pâle je me mis à mordre dedans,
Et voulus couper une longue mèche
De ses grands cheveux, rien qu'avec mes dents.

Je sciais, courbé, la toison tenace ;
Quand mon nez sentit le chatouillement
De ses noirs frisons ; je fis la grimace
Et j'éternuai formidablement.

Je me redressai d'un air très farouche,
Essayant en vain un jaune souris,
Des pleurs plein les yeux, des poils pleins la bouche,
Sous les sots regards des bourgeois surpris....

Mon amour était d'une espèce rare,
Plus dur que le bronze et plus résistant
Que le granit rose et que le carare ;
Car il survécut à cet accident.

SON CHALE BLEU

A huit heures, j'allais l'attendre,
Plein d'inquiétude et d'espoir...
Elle avait un châle bleu-tendre
Pour ses promenades du soir.

Je la dépassais dans la rue,
Puis revenais, tel qu'un bon chien,
Brusque, fendant la foule accrue,
Hors son châle ne voyant rien.

Et quand je croisais mon idole
Blanche dans son châle azuré,
Heureux et pris d'une peur folle,
Pâlissant et le cœur serré,

Avec une lente insistance
Je la saluais de très près
En plongeant un regard intense,
Longuement, dans ses yeux distraits.

Mais elle voilait sa prunelle
De ses longs cils bruns; et tout bas
Je me disais: «Me comprend-elle?
Pourquoi ne rougit-elle pas?»

Et je recommençais bien vite:
Savant en l'art d'évoluer,
Je la croisais vingt fois de suite,
Mais n'osais plus la saluer.

Seul, lui présentant sa requête,
Mon œil sollicitait le sien...
Me voyait-elle, la coquette?
Hélas! hélas! je n'en sais rien.

Mes pas fiévreux battaient l'asphalte,
Et j'allais, satellite obscur,
Gravitant sans trêve ni halte
Autour de son châle d'azur.

Et las, brisé, toujours plus pâle,
Je suivais du cœur et des yeux
L'azur divin du petit châle
Aux ondoiements harmonieux...

A présent encore il me hante,
Ce châle bleu de ciel, mon Dieu!
Elle aimait ailleurs, la méchante,
Et je n'y voyais que du bleu.

DERNIÈRE RENCONTRE

I

J'AVAIS cru l'oublier. Mais dans une soirée
Je l'ai, pour mon malheur, l'autre jour rencontrée.
J'ai revu ses yeux noirs où mon âme se fond
Et qui n'ont jamais su tout le mal qu'ils me font.
Elle était là, faisant la dame, grave et droite
Dans le satin trop neuf de sa cuirasse étroite.
Ses cheveux, attendant le voile nuptial,
Ne flottaient plus, hélas! comme un manteau royal,
Mais, tressés en chignon sans grâce ni caprice,
Chargeait son front pâli de leur sombre édifice.
Un collier d'or, avec une croix de brillants,
Très lourd, ceignait son cou virginal; ses bras blancs
Portaient des bracelets gros comme des menottes:
Le futur n'avait pas ménagé les bank-notes
Ni plaint la marchandise; et je songeais tout bas
Que je n'aurais pu mettre à son col, à ses bras,
Hors les bijoux en toc à cinquante centimes *)
Que colliers de baisers et bracelets de rimes
Et rivière de pleurs, — joyaux non contrôlés.

A ces ors opulents sur sa gorge étalés
Opposant sa simplesse exquise et délicate,
Seule, une rose-thé, douce en sa pâleur mate,
Fleur où vit le parfum printanier des beaux soirs,
Ornait ses noirs cheveux et les rendait plus noirs.

---

*) Dans l'édition de 1896, le vers est ainsi changé:
„Le Ciel m'ayant pourvu de rentes fort minimes."

69

Brusquement, laissant là sa dignité maussade,
Familière, elle vint, en bonne camarade,
Comme jadis, s'asseoir près de moi; me parla
De la pluie et du vent, de Sarah, de Zola,
Et puis du *Petit Duc*, d'un bijou de Delibes,
Et du *Nabab* récent dont elle a lu des bribes,
Et de Sully qu'elle aime et qui la fait songer.
Ainsi sa causerie allait d'un vol léger.
Et muet, m'efforçant d'être sombre et tragique,
Résistant de mon mieux à cette voix magique
Dont l'accent pénétrant, très doux, un peu voilé,
En des temps plus heureux m'avait ensorcelé,
Je sentais, faible et fier, furieux et timide,
Abonder à grands flots sous ma paupière humide
Et sourdre dans mon cœur plein de son abandon
Les rages de Didier et les pleurs de Didon.

Mais sa voix tout à coup — je crois encor l'entendre —
Eut une inflexion si divine et si tendre
Qu'il fallut bien, vraiment, que mon courroux fondit.
Je ne me souviens plus de ce qu'elle me dit:
Mais je sais qu'en mon sein se dissipa l'orage,
Que soudain j'oubliai de ressentir l'outrage,
Qu'il me revint au cœur un immortel amour,
Ardent, mais résigné, sans espoir de retour,
Sans trouble et sans désir, mais non pas sans délice,
Saint comme l'amitié, pur comme un sacrifice:
On est si fou parfois! — Je me crus bien guéri,
Et je l'interrogeai sur son futur mari,
Sur ses chiffons, sur sa toilette d'épousée.
Elle me répondait avec sa grâce aisée.
Je lui donnais, demi-railleur, de bons avis.

Peu à peu je devins stupide, et je lui fis
Sur ses devoirs, sur l'art d'être heureux en ménage,
De faire à son captif aimer son esclavage,
D'être à jamais pour lui l'ange de la maison,
Je ne sais quel discours qui crevait de raison.

Mais, tout en poursuivant ma bizarre homélie,
Je subissais (ô Dieu, faites qu'enfin j'oublie!)
Le charme de ses yeux arrêtés sur les miens.
Et, me ressouvenant de mes rêves anciens,
Le cœur pris d'une ivresse obscure et grandissante,
Ma voix à mon insu devenait caressante;
Et ma raison sombrant, chère âme, auprès de toi,
Je croyais à la fin que je parlais pour moi!

II *)

Ce que j'envie au jeune époux
Qui sut vous plaire et qui m'enlève
L'espoir d'achever le beau rêve
Dont je m'enchantais près de vous,

Ce n'est point, — si douce soit elle, —
La grâce de votre printemps,
Le parfum de vos dix-huit ans,
Le velours de votre prunelle;

D'un autre bien je suis jaloux
Chère âme! Ce que je regrette,
C'est la joie immense et secrète
De vivre uniquement pour vous.

———————

*) Cette partie ne figure que dans l'originale.

OBSESSION *)

COMMENT pourrais-je l'oublier?
Elle allait, ignorante et belle,
De son petit pas cavalier.
Et j'emportai, passant près d'elle,
Sa vision dans ma prunelle....
L'image est restée au miroir,
Miroir profond, et trop fidèle:
Depuis je crois toujours la voir.

Comment pourrais-je l'oublier?
Un beau jour sa voix angélique
Faite pour chanter et prier
M'emplit de sa grave musique.
Mon âme est une basilique
Où murmure depuis ce temps
Un très lent et très doux cantique:
C'est sa voix, toujours je l'entends.

Comment l'oublierais-je jamais?
Un jour, je la suivais: la brise
Vint à frôler le voile épais
De sa toison qu'elle défrise....
La fraîche odeur, l'odeur exquise
De ses cheveux flottants et lourds
M'enveloppe encore et me grise,
Et je les respire toujours.

---

*) Ne figure que dans l'originale.

72

Puis-je l'oublier un moment?
Un soir, — que mon cœur a de peine! —
Elle me tendit gentiment
Ses doigts fins de patricienne;
Or, rien qu'en effleurant la sienne
Ma main si follement trembla,
Que, depuis, cette histoire ancienne,
Je sens toujours ce frisson là.

Toujours je l'entends, je la vois,
Je la sens, et je la respire.
Partout, hélas! me suit sa voix
Et son parfum et son sourire,
Mon corps frémit comme une lyre,
D'avoir touché sa blanche main.
C'est ma joie et c'est mon martyre
Qu'elle ait passé sur mon chemin.

Et c'est mon martyre surtout
Quoiqu'absente, elle me possède;
Mon cœur éclate, mon sang bout,
Et ma souffrance est sans remède.
O ma pauvre raison, à l'aide!
Je ne puis me débarrasser
De son fantôme qui m'obsède,
Et je m'épuise à l'embrasser....

73

Je ne veux plus, — souci cuisant, —
La voir, la respirer, l'entendre,
Ni frissonner en y pensant!
Oublions-là! — Comment m'y prendre? —
Au camp du Czar je veux me rendre:
Avant huit jours, j'en ai l'espoir,
Quelque bachi-bouzouk peu tendre
M'affranchira sans le savoir.

Bachi-bouzouks, coupez mon nez
Qu'emplit l'odeur de sa crinière!
Crevez, broyez, déracinez
Mes deux yeux qu'emplit sa lumière!
Tranchez d'un coup de cimeterre,
Ma main que brûlèrent ses doigts!
Abattez, par faveur dernière,
Mes oreilles qu'emplit sa voix!

Je goûterai l'oubli divin,
Et ce sera grande merveille
Si je ne m'endors à la fin.
Plus d'yeux, de nez, de main, d'oreille…
Mais, hélas! l'âme toujours veille…
Et que faire contre cela?
Noyez-la donc, sang de la treille!
Sombre opium, étouffez-la!

SAGESSE *)

JE fus triste à faire pitié
Le jour de tes noces, ô brune!
J'eusse étranglé le marié!
Je fus triste à faire pitié!
La nuit, de mes pleurs je noyai
Mon lit blanc qu'éclairait la lune.
Je fus triste à faire pitié
Le jour de tes noces, ô brune!

Un petit gnome entra chez moi,
Vieux, l'œil perçant comme une vrille.
J'eus peur d'abord et me tins coi.
Un petit gnome entra chez moi.
«Fils, me dit-il, console-toi
Au diable soit la sotte fille!»
Un petit gnome entra chez moi,
Vieux, l'œil perçant comme une vrille.

Je suis ton *Bon-Sens*, ô gamin!
Dit le vieux à mine chétive,
Jaune et sec comme un parchemin.
«Je suis ton *Bon-Sens*, ô gamin!
Je vais m'escrimant en chemin
Contre ton Imaginative.
Je suis tons *Bon-Sens*, ô gamin!»
Dit le vieux à mine chétive.

---

*) Ne figure que dans l'originale.

«Écoute un conseil excellent
Tout plein de sagesse pratique.
Je vais compter, c'est mon talent,
Écoute un conseil excellent,
Pauvre rimeur au cœur dolent,
Faisons un peu d'arithmétique.
Écoute un conseil excellent
Tout plein de sagesse pratique.

«Rapelle-toi les soirs.... — Hélas! —
Où seul, tu l'attendais sous l'orme.
Souvent elle ne venait pas.
Rapelle-toi les soirs.... — Hélas! —
Où, seul, tu l'attendais sous l'orme.

«Mettons cinq sous de caporal,
Veux-tu? pour chaque soir d'attente.
Dans mes calculs, je suis loyal;
Mettons cinq sous de caporal,
C'est donc par semaine au total,
En chiffres ronds, un franc cinquante.
Mettons cinq sous de caporal,
Veux-tu? pour chaque soir d'attente..

«Or combien eût duré ton feu
Sans ce dénouement qui t'afflige?
Toujours! — Mettons un mois. — O Dieu! —
Combien aurait duré ton feu?
Deux mois? Je te donne beau jeu. —
Horreur! — Mettons deux mois, te dis-je.
C'est ce qu'aurait duré ton feu
Sans ce dénouement qui t'afflige.

«Deux mois encor tu l'attendrais
Le soir, fumant des cigarettes.
L'oreille au guet, fumant au frais,
Deux mois encor tu l'attendrais.
Or additionnons les frais:
Je vais compter sur mes tablettes.
Deux mois encor tu l'attendrais
Le soir, fumant des cigarettes.

«Les sous, je veux bien les rayer.
Cela fait encor douze livres.
Je ne suis point un épicier:
Les sous, je veux bien les rayer.
Nigaud, tu pourras te payer
Avec cet or quelques bons livres,
Les sous, je veux bien les rayer,
Cela fait encor douze livres.

«Achète-moi, sans geindre tant,
La fleur de la sagesse humaine.
Adolphe est très fort, souviens-t'en:
Achète-le sans geindre tant.
Au *Gulliver* de Jonathan
Joins l'*Atta-Troll* de Henri Heine.
Achète-moi, sans geindre tant,
La fleur de la sagesse humaine.

«*Candide* de frère François
Abonde en pages magnanimes,
Achète, enfant, si tu m'en crois
Candide, de frère François,
Flaubert incompris des bourgeois,
Le petit livre des *Maximes*.
Candide de frère François
Abonde en pages magnanimes.

«L'âme et le cœur bronzés à mort,
Retourne aux luttes de la vie!
Marche avec moi tranquille et fort,
L'âme et le cœur bronzés à mort,
La science est contre le sort.
Haubert, cuirasse ou parapluie,
L'âme et le cœur bronzés à mort,
Retourne aux luttes de la vie!»

III. RISUS RERUM

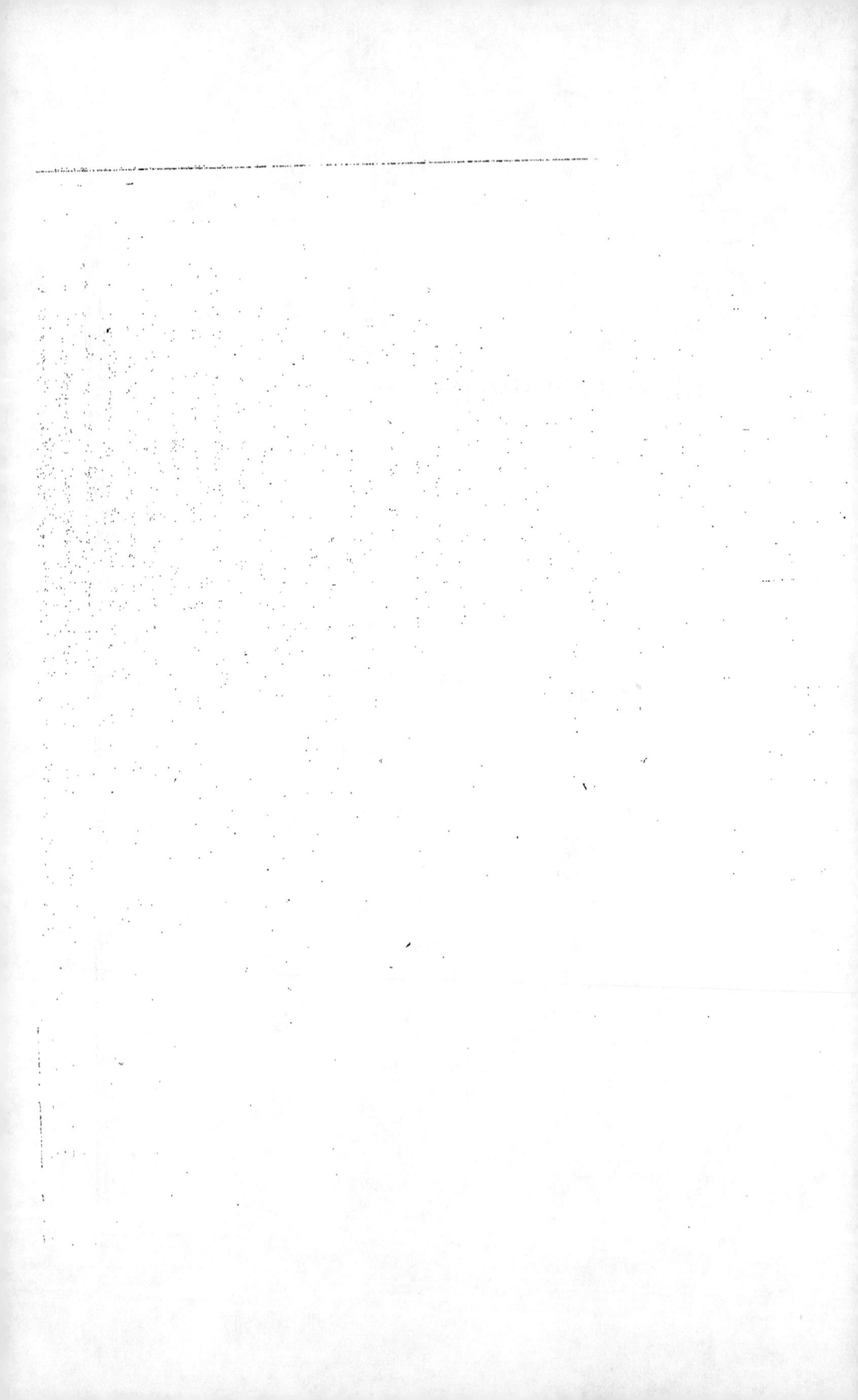

MON PAYS

(Meis)*)

L E petit vin de chez nous
    Est chose légère.
J'en avale de grands coups;
    Il ne grise guère.
Il me fait, quand je le bois,
Le cœur et l'esprit plus droits;
Et Rabelais autrefois
    En but à plein verre!

La campagne de chez nous
    A le charme intime.
Point de paysages fous,
    Point d'horreur sublime:
Mais des prés moëlleux aux pieds;
Petits bois, petits sentiers;
Et des rangs de peupliers
    Dont tremble la cime.

Les bonnes gens de chez nous
    Ont peu de science,
Mais de l'esprit presque tous
    Et de la vaillance.
Ici plus d'un travailleur,
Vrai Gaulois, garde en sa fleur
Le bon sens libre et railleur
    De la vieille France.

_____

*) Cette dédicace ne figure que dans l'originale.

Le grand fleuve de chez nous
  A mainte lubie.
Ses bancs de sable et ses trous,
  Chacun s'en méfie.
Il est fainéant, c'est sûr;
Mais il contient tant d'azur
Qu'à voir couler son flot pur
  Je passe ma vie.

Tavers.

A MA FENÊTRE

A Madame M. de F. *)

MA fenêtre joyeuse et qui n'est jamais close
A pour rideau l'épaisse et verte frondaison
D'un rang de peupliers qui ferment l'horizon
Et qu'un ruisseau moiré, plein de soleil, arrose.

Leur cime frémissante où maint rayon se pose
Verse une ombre sereine à ma vieille maison.
Ils bordent mon jardin, où croit l'herbe à foison,
Mais qui rit et m'envoie un frais parfum de rose.

Les feuilles, le murmure humble du ruisseau d'or,
Et l'insecte et l'oiseau font un doux quatuor
Pour fêter la nourrice adorable, la Terre.

Sous le ciel bleu, tout bleu, le joli, joli chant!
J'écoute, et sens en moi, perdu dans ce mystère,
L'impossibilité d'être sombre ou méchant.

Tavers.

_____

*) Cette dédicace ne figure que dans l'originale.

LE RU

ELLE court, fraîche et vive,
Entre sa double rive
Que le mois de Maïa
   Coloria,

L'humble source qui pousse,
Avec une voix douce,
Bruit de lointains grelots,
   Ses petits flots.

A l'herbe qui l'écoute
Et lui répond sans doute,
Son murmure discret
   Conte un secret :

Le secret de Cybèle,
Comment elle est si belle,
Pourquoi le ru chantant
   Est si content ;

Le secret de la vie
Joyeuse, épanouie
Dans les flots querelleurs
   Et dans les fleurs.

Là, sans bruit l'onde glisse
Et sur le sable lisse,
Plein de paillettes d'or,
   Lente, s'endort.

Ici de longues herbes
Font des tapis superbes,
De beaux tissus vermeils
   Et tout pareils

Aux chevelures vertes
Des naïades alertes
Plongeant au flot sacré
   Leur sein nacré:

Le courant qui les baigne
Avec plus d'art les peigne,
Malgré son nonchaloir,
   Qu'un démêloir.

Ma rivière charmante
Du soleil est l'amante;
Et souvent Apollo
   Jette sur l'eau,

Lorsque midi flamboie,
Un réseau qui déploie
Ses mobiles maillons
   Faits de rayons.

Papillons, demoiselles
Embarrassent leurs ailes
Et leurs fins corselets
   Dans ces filets.

Ma rivière, endormie,
De la Lune est l'amie
Et lui sert de miroir
   Quand vient le soir ;

La pauvre Lune y mire
Son pâle et froid sourire,
Son œil morne et voilé,
   Son nez gelé,

Ses langueurs, ses chloroses,
Sa bouche aux coins moroses,
Son visage ennuyé
   Qui fait pitié.

Pour consoler, ô Lune,
Ta secrète infortune,
Le bon petit ruisseau
   Te peint en beau.

Il rajeunit et lave
Ta joue et ton œil cave
Et ton front de métal
   Dans son cristal.

Ma source, humble et jolie,
A tout, mélancolie,
Caprice, éclat, beauté,
   Grâce et bonté.

C'est pour moi l'Hippocrène
D'où me viennent sans peine
Des vers menus et courts
   Comme son cours.

Sous son dais de glycine
C'est pour moi la Piscine
Qui, mieux que Galien
   Guérit, pour rien;

La Piscine sacrée
Par l'Archange effleurée
Où venaient les lépreux
   Chez les Hébreux.

C'est pour moi la baignoire
Que de son pied d'ivoire
Sara se balançant
   Frôle en passant,

Lorsque cette ingénue,
Rouge de se voir nue,
S'attarde, non sans trac,
   Dans son hamac.

C'est le Léthé qui berce
L'âme triste, et lui verse,
Avec son flot pâli,
   Le doux oubli.

Comme à sa Bandusie,
Source de poésie,
Maître Horace immolait
   Un agnelet,

Pour la naïade, Reine
De ma claire fontaine,
Ange par la douceur,
   Petite sœur

De la nymphe pucelle
Qu'a su peindre si belle,
Sans doute un jour de mai,
   Ingres charmé,

Sur la pelouse verte
Je sacrifierais certe
Des moutons, et tuerais
   De blancs gorets,

Si je n'aimais les bêtes
Que Dieu fit, et leurs têtes
Naïves, et leurs yeux
   Mystérieux...

Tavers.

LES FLEURS DU PORT

(De la jetée, le soir)

LORSQUE les becs de gaz s'allument sur le bord
Des grands quais que la vague opiniâtre ronge,
Et nous montrent, là-bas, dans un lointain de songe,
De flammes couronnés, les noirs bassins du port,

Chaque lanterne jette un grêle reflet d'or
Sur l'eau sinistre; et plus l'étroit rayon s'allonge,
Plus il pâlit: si bien que l'on dirait qu'il plonge,
Tout droit, au sein profond du gouffre qui s'endort.

Et le port, miroitant sous l'œil fixe du rêve,
Semble un lac Stygien, qui le long de sa grève
N'a point de nénufars et n'a point de roseaux,

Mais des fleurs de lumière aux corolles égales
Dont on voit nettement luire, à travers les eaux,
Les racines de feu, minces et verticales.

Havre.

89

LES MOUETTES.

A Joseph Coutret*)

I

PAR les couchants sereins et calmes, les mouettes
Vont mêlant sur la mer leur vol entre-croisé :
Tels les gris souvenirs pleins de douceurs secrètes
Voltigent dans un cœur souffrant, mais apaisé.

L'une dans les clartés rouges et violettes
Dort, ou languissamment fend le ciel embrasé ;
Une autre, comme un trait, plonge aux ondes muettes
Ou se suspend au flot lentement balancé.

Nul oiseau vagabond n'a de plus longues ailes,
De plus libres destins, ni d'amours plus fidèles
Pour le pays des flots noirs, cuivrés, bleus ou verts.

Et j'aime leurs ébats, car les mouettes grises
Que berce la marée et qu'enivrent les brises
Sont les grands papillons qui butinent les mers.

II

Vers le grand soleil d'or qui, par l'ombre insulté,
Ramène sur son front sa pourpre qu'il déploie,
Là-bas, vers l'incendie énorme qui flamboie
Sous l'écran violet de l'âtre illimité,

------

*) Cette dédicace ne figure que dans l'originale.

Il vole, il vole, épris d'un désir indompté,
L'oiseau gris qui du gouffre et des flots fait sa joie;
Dans cette pourpre ardente il s'enfonce, il se noie,
Et qui le voit du bord le voit dans la clarté.

Jamais il n'atteindra l'astre divin: qu'importe?
— Ainsi vers l'Idéal un saint amour m'emporte,
Heureux si je pouvais, dans mes rapides jours,

Loin des réalités et des laideurs humaines,
Sans l'atteindre jamais m'en approchant toujours,
Apparaître baigné de ses lueurs lointaines!

III

Couchant bizarre. En haut le ciel couleur de brique;
Plus bas, rayant le mur de l'éternel palais,
Luisent sur une nacre aux chatoyants reflets
De minces traits de feu, d'un éclat phosphorique.

Avec une rigueur quasi géométrique
Se prolongent tout droit ces lumineux filets,
Parallèles entre eux, rouges et violets,
Réglant le ciel ainsi qu'un papier à musique.

Des mouettes là-bas, esprits des flots amers,
Nouant et dénouant des gammes à travers
Cette portée immense aux lignes purpurines,

Dans leur vol cadencé la sèment de points noirs
Et notent le chant triste et divin des beaux soirs,
Lentement déchiffré par les brises marines.

91

IV

L'eau répète
Le ciel mat.
Calme plat,
Mer muette.

La mouette,
Qui s'ébat
Sur le mât,
Le complète,

Simulant
D'un vol lent
Et perplexe

Un accent
Circonflexe
En passant.

ÉLÉGIE VERTE

A Robert de la Villehervé *)

L'ÉTANG était vert et profond.
Des herbes foisonnaient au fond,
    Enchevêtrées.
L'écume des mucus pourris
Donnait des tons de vert-de-gris
    Aux eaux cuivrées.

De gros nuages dans les cieux
Couraient; et des arbres très vieux,
    D'un vert lugubre,
Entouraient, tragique décor,
Et, penchés, verdissaient encor
    L'onde insalubre.

Au ciel couleur de sépia
Soudain le soleil flamboya,
    Fauve, et fit luire,
Ensorcelant son sommeil lourd,
Sur l'étang immobile et sourd
    Un vert sourire.

Sommeillant moi-même à demi,
Je suivais du lac endormi
    L'étroite rive,
Lorsqu'une voix du fond des eaux
S'éleva parmi les roseaux,
    Lente et plaintive:

---

*) Cette dédicace est supprimée dans l'édition de '92.

«Voilà déjà bien des hivers...
Hélas! hélas! ils étaient verts,
    Les yeux de celle
Qui m'enjôla, qui m'enchaîna,
Aussi glaucôpis qu'Athana,
    Mais non pucelle...

«Verte était la table de jeu
Où je vendis mon âme au dieu
    De la bouillotte,
Pâlissant au bruit du râteau,
Jouant un soir et mon manteau
    Et ma culotte,

«Pour que ma belle aux yeux de chat
A ses oreilles accrochât
    Des pierres vertes,
Et pour qu'elle eût sur le Prado
Des robes en satin vert d'eau
    Et très ouvertes...

«Et lorsque je fus ruiné
Et qu'elle m'eut abandonné
    Pour un Valaque,
Laissant enfoncé, comme un dard,
Dans mon cerveau son vert regard
    Qui me détraque,

«Verte, verte était la liqueur
Où je voulus noyer mon cœur
     Et ma détresse,
Le philtre dont les âcretés
Versaient à mes sens hébétés
     Leur verte ivresse...

«Comme l'absinthe il était vert,
L'étang de grands arbres couvert,
     L'étang farouche
Dont le flot saumâtre et plombé
A gros bouillons, quand j'y tombai,
     M'emplit la bouche...

«Donc — et je n'en suis pas plus beau —
Je verdis, ayant pour tombeau
     Ces eaux désertes.
Mon corps, dans un lent avatar,
S'affaisse et décroit, mangé par
     Des bêtes vertes...

«Et c'est pourquoi, moi le noyé
Qui me sens verdir, oublié
     Dans cette eau rance,
Je ne puis songer sans douleur
Qu'on nomme le vert la couleur
     De l'espérance...»

NINI-VOYOU*)

Chanson

QUI ne la connaissait, hélas!
Aux bons endroits du «Boule-Miche»!
Mon Dieu! Comme elle parlait gras
Et buvait sec, la pauvre biche!

> O Nini
> N, i, ni,
> C'est fini.

Elle n'avait jamais un sou;
Elle était franche et très facile.
On l'appelait Nini-Voyou.
«Encore une étoile qui file!»

Elle avait des chats dans la voix,
Elle était pâle, elle était blonde.
Elle avait deux grands yeux grivois
Et culottés tout à la ronde.

Hélas! ayant trop chahuté,
Elle détraqua sa machine,
Et naguère à la Charité
Elle mourut de la poitrine.

---

*) Cette pièce a été supprimée dans l'édition
de 1896.

Alors pour l'enterrer on fit
Une collecte funéraire.
Plus d'un, ayant connu son lit,
Trouva bien de payer sa bière.

A l'église on vous la porta
Ni plus ni moins qu'une chrétienne.
Un jeune curé lui chanta
Mainte oraison et mainte antienne.

Des garçons de cafés, en deuil,
Relevaient la lugubre fête,
Des houris suivaient le cercueil
Le curé faisait une tête!

Un drap virginal aux plis blancs
Couvrait le corps de l'hétaïre.
O Nini, dans tout autre temps
Comme cela t'aurait fait rire!…

(1874)

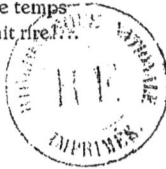

SONNERIE

Sur un Rythme de Rutebeuf

A Henri Fauvel *)

DANS les vieux clochers de granit
Que l'aube éveille et que jaunit
     Le jour levant,
Dont frissonnent au moindre vent
     Les croix latines,
Sonnez, ô cloches argentines,
Sonnez pour Dieu, sonnez matines!

Pour les silencieux soldats
Qui vers la Mort marchent au pas
     Sous le drapeau,
Dévouant leur âme et leur peau
     Au jeu des balles,
Sonnez, fanfares triomphales!
Sonnez, clairons! sonnez, cymbales!

Pour nos seigneurs les Turcarets
Au fond des avares coffrets
     Pleins de soleil,
Sonnez, doublons, écus vermeils!
     Sonnez piastres!
En dépit des philosophastres
Sonnez, ducats aux lueurs d'astres!

---

*) La dédicace est supprimée dans l'édition de 1896.

98

Pour les amants au cœur loyal
Qui sous bois cherchaient l'idéal
        Et l'ont trouvé,
Quand bat, mollement soulevé,
        Le sein des filles,
Sonnez, sonnez, sonnez, ô trilles
Des rossignols sous les charmilles !

Pour les poètes gracieux
Tressant les rythmes précieux
        De leurs chansons,
Aimant bercer d'étranges sons
        Leurs cœurs malades,
Sonnez, sonnets ! Sonnez, ballades !
Sonnez, rimes en enfilades !

Pour les hidalgos d'España,
Lorsque danse la gitaña
        Tra los montès,
Quand Dolorès ou Mercédès
        Sous les paillettes
Tortille ses hanches bisettes,
Sonnez, sonnez, ô castagnettes !

Pour les doux enfants, nos amours,
Que nous prête pour peu de jours
        Un Dieux jaloux,
Sonnez, sonnez, petits cailloux,
        Toujours plus vite !
Sonnez dans le hochet qu'agite
Leur main rose et toute petite !

Pour les pauvres défunts gelés *)
Qu'enserrent, dans un drap roulés,
    Leurs lits étroits,
Qui dorment blêmes, les pieds froids
    Et les mains gourdes,
Sonnez, glas! sonnez, notes sourdes!
Roulez, roulez, lentes et lourdes...

---

*) On lit dans l'originale: leurs...

BALLADE DE L'ARBRE DE NOËL

Au Cercle Franklin (1878)

LE beau sapin flambe et s'irise,
Tout bariolé de festons,
Portant lanternes de Venise,
Oranges, tambourins, bâtons
De sucre d'orge, mirlitons,
Flûtes, pantins à doubles bosses.
Autour se pressent nos fistons:
Je n'ai jamais vu tant de gosses!

Joufflus, vermeils comme cerise,
A peine échappés des tétons,
En culotte, en robe, en chemise,
Crêpés comme petits moutons,
Plus remuants que des totons,
L'œil allumé, rêvant des noces,
Ils gazouillent sur tous les tons.
Je n'ai jamais vu tant de gosses!

Ces marmots pleins de convoitise
Ont des ailes à leurs petons.
L'arbre qui nous emparadise
A pour moineaux tous ces gloutons
Qui pillent pour leurs gueuletons
Les rameaux verts taillés en brosses,
Tandis que chantent les pistons.
Je n'ai jamais vu tant de gosses!

ENVOI

O Lavergne, nous protestons :
Tu nous as fait des peurs atroces.
Point ne manquent les rejetons :
Je n'ai jamais vu tant de gosses !

Havre.

BALLADE SUR DES YEUX

A Robert de la Villehervé*)

JE sais qu'elle a la beauté des Déesses
Qu'éternisa le Paros éclatant.
Je sais qu'à voir la blondeur de ses tresses, **)
Fût-ce à cent pas, je perds la tète, tant
J'ai grand peur d'elle; et si, suis-je content
Je sais encor qu'elle est pudique et fière;
Je sais aussi que sa longue paupière
Voile un regard profond et sérieux.
Oui, je le sais: mais, chose singulière,
Je ne sais pas la couleur de ses yeux.

Seraient-ils bleus? Ils me font des caresses
Et des discours que mon cœur seul entend:
Propos muets, tout chargés de tendresses,
Dont la candeur s'en va sollicitant
L'aveu d'amour sur ma lèvre hésitant.
Seraient-ils noirs? — De sinistre manière,
Déconcertant espoir, rêve et prière,
Parfois un sombre éclair silencieux
A traversé leur douceur coutumière.
Je ne sais pas la couleur de ses yeux.

---

*) Dédicace supprimée dans l'édition de 1896.
**) Texte de l'édition de 1896:
Je connais l'or onduleux de ses tresses,
L'arc de sa bouche; et je connais (ah! tant!)
Le parfum blond autour d'elle flottant.

Seraient-ils verts? — Ses prunelles traitresses
Ont un éclat tranquille et persistant :
Leur splendeur froide et leurs froides paresses
M'ont rappelé le calme inquiétant
Des yeux d'un chat songeant et méditant.
Seraient-ils d'or? — Métallique et légère,
J'y vois flamber une ardente poussière,
Un tourbillon d'atomes précieux.
— Sont-ils noirs, bleus, verts ou jaunes? — Mystère :
Je ne sais pas la couleur de ses yeux.

ENVOI

Qu'elle ait des yeux de Nymphe ou de Guerrière,
De Sphinx ou d'Elfe aux étangs familière,
Que fait cela, si mon cœur anxieux
Peut se noyer dans leur belle lumière?
Je ne sais pas la couleur de ses yeux.

LE SUCRE *)

A Raoul Pessonneaux

BLANC comme la neige candide,
Floraison des pics étoilés,
Dont la Yung-frau, chaste et splendide,
Drape ses flancs immaculés !

Dur comme la divine pierre
En proie au sculpteur amoureux
Et d'où jaillit à la lumière
Vénus tordant ses longs cheveux !

Doux comme le miel de Matine **)
Que boit sur le côteau vermeil
La blonde abeille qui butine
Dans ses fleurs ivres de soleil !

Le sucre, c'est l'essence pure,
L'élixir des sucs précieux
Que distillent, Mère Nature,
Tes alambics mystérieux.

Son cristal condense et recèle
Le doux lait aux flots débordants
Qui gonfle le sein de Cybèle
Grosse des œuvres du Printemps.

---

*) Ne figure pas dans l'édition de 1896.
**) Faut-il lire *Gatine*, voisine de l'Orléanais et croire
à une faute d'impression ? ·

105

Roseaux bénis du Nouveau-Monde
Canamelles des chauds climats,
Que le grand Missouri féconde,
Que moissonnent les Bamboulas,

Lorsque de vos tiges brisées
Le dur cylindre a fait pleuvoir
Votre sang en larges rosées
Comme le vin sous le pressoir;

Quand les épurations lentes
Ont tour à tour élaboré
Sous vingt atmosphères brûlantes
La candeur du sucre adoré,

Croit-on pas voir, si l'on se penche
Sur le creuset illuminé,
Un grand rayon de lune blanche
En des gemmes emprisonné?

Beau sucre des cannes luisantes,
Léger, subtil et réchauffant,
J'aime tes saveurs innocentes,
Faites pour des lèvres d'enfant.

Quand sous ma dent ta blancheur fine
Crépite et m'emmielle le bec,
Sucre divin, je m'imagine
Souvent manger d'un marbre grec.

106

Il est un rêve qui m'enchante,
Vœu d'artiste et de fanciullo:
Oh! si la Vénus triomphante,
La grande Vénus de Milo

Etait en sucre! Quelle joie!
Poussé d'un appetit païen,
Enlaçant cette noble proie,
Je la lècherais comme un chien!

J'aurais du sucre sur la planche!
Je sentirais, tout frémissant,
Se fondre la déesse blanche
Sous mon baiser incandescent,

Et de ce divin corps de femme,
Bonbon géant au galbe fier,
Les formes passer dans mon âme,
Les saveurs pénétrer ma chair!

107

FEMINA

A Georges Duruy*)

VULCAIN croisait les bras et regardait sa femme.
«Mon ami, dit Vénus, vous semblez soucieux:
Allez prendre un peu l'air. — Eh non, par tous les dieux!
Vous attendez ce soir votre galant, madame!

Or moi, je veux tuer ce militaire infâme!»
Mais Vénus l'embrassa, lui souffla dans les yeux;
Et, debout près du lit, l'époux disgracieux
Sentit un doux sommeil se glisser dans son âme.

La Reine de Paphos atrocement sourit.
Elle toussa trois fois: une porte s'ouvrit,
Et, tandis que ronflait le boiteux immobile,

Mars, frisé sous son casque, entra d'un air faquin.
Vénus se dégraffa; puis, d'un geste tranquille,
Elle accrocha sa robe aux cornes de Vulcain.

*) Dédicace supprimée dans l'édition de 1896.

A MON CHAT

MON chat, hôte sacré de ma vieille maison,
De ton dos électrique arrondis la souplesse,
Viens te pelotonner sur mes genoux, et laisse
Que je plonge mes doigts dans ta chaude toison.

Ferme à demi, les reins émus d'un long frisson,
Ton œil vert qui me raille et pourtant me caresse,
Ton œil vert semé d'or, qui, chargé de paresse,
M'observe d'ironique et bénigne façon.

Tu n'as jamais connu, philosophe, ô vieux frère,
La fidélité sotte et bruyante du chien:
Tu m'aimes cependant, et mon cœur le sent bien.

Ton amour clairvoyant, et peut-être éphémère,
Me plaît; et je salue en toi, calme penseur,
Deux exquises vertus: scepticisme et douceur.

ÉTUDE DE RHUME *)

A Alexandre Philibert

MA cervelle où logeaient tant d'images pressées
      Où mes sensations
Mélaient, en des hasards qui créaient des pensées,
      Les multiples sillons,

Ma cervelle où venait s'imprimer toute chose
      Où, d'un art très pervers,
Les signes s'unissaient pour faire de la prose,
      Et quelquefois des vers,

Ma cervelle subtile, et qui jadis à coudre
      Des rimes s'amusa,
Sent sa pulpe grisâtre aujourd'hui se dissoudre
      En proie au coryza.

Mes lobes cérébraux qui se desagglutinent,
      Coulent, luisants et mous,
Flegmes, mucosités et glaires dégoulinent
      Avec d'affreux remous.

Je ne puis plus hélas! jouir des bonnes sauces,
      Respirer le jasmin.
Mon nez roule des flots immondes dans ses fosses,
      Comme un égoût romain.

---

*) Ne figure pas dans l'édition de 1896.

Comme sur un vieux mur qu'en une sombre rue
    L'humidité rongea,
Sur mes tempes s'étend la mousse verte et drue,
    Et je moisis déjà !

Ma trogne enflée a l'air d'une grotesque ébauche.
    Je doute, — triste sort, —
Si c'est mon nez, ou mon œil droit, ou mon œil gauche
    Qui pleure le plus fort.

Et mon nez trop mouché semble une betterave
    Énorme et cuite à point.
Et le flot que mes yeux versent sur lui le lave,
    Mais ne le blanchit point.

Sur mes poils blonds la vague épaisse et toujours neuve
    Ruisselle dans ses jeux.
Ma barbe pend, et j'ai la tête d'un vieux fleuve
    Glauque et marécageux.

Un seul lobe fidèle, attendant l'accalmie,
    Reste dans mon cerveau.
Je le sens sous mon front grossir comme une mie
    De pain dans un seau d'eau.

Bientôt je ne serai qu'un marais insalubre,
    Redouté des passants.
Mes bords pulluleront, vienne le soir lugubre,
    De feux follets dansants.

111

De longs roseaux vont croître en mes ondes opaques.
Même, avant qu'il soit tard,
Pour ennuyer Pasteur, dans une de mes flaques,
Va germer un têtard.

LA VENGEANCE DE VULCAIN

A Gustave Flaubert

I

L'ANCIENNE

DÉMODOCUS conta l'amoureuse aventure
De Mars, pour qui Vénus dénoua sa ceinture:
De quoi le noir Vulcain fut grandement marri.

*
* *

La Reine de Paphos, dure à son laid mari,
Lui préférait le Dieu des batailles superbes
Qui secoue, au cimier de son casque, des gerbes
De lumière mêlée à des crins de cheval.
Vulcain était piteux près d'un pareil rival;
Et Cythérée avait de farouches ivresses
Lorsque sonnaient, avant la lutte des caresses,
Le casque, les brassards, la chemise d'acier,
Et la cuirasse d'or du divin cuirassier,
Jetés sur le parvis de fine mosaïque.
Un rideau tyrien sur la couche héroïque
Flottait, les inondant de reflets empourprés;
Et, voilant à demi les hauts lambris dorés,
Des arbustes en fleur et d'essence choisie,
Pleins du vol chatoyant des oiseaux de l'Asie,
Baignaient les deux amants d'aromes attiédis;
Et sur les grands rosiers en proie aux chauds midis,
Au bruit de leurs baisers subitement écloses,
Des boutons déchirés semblaient jaillir les roses.

113

Mais un jour, les rideaux se trouvant mal fermés,
Advint que le Soleil put entrevoir, pâmés
Sur le lit de Vulcain, lequel n'y songeait guère,
La Reine d'Idalie et le Dieu de la guerre.
Il alla dans sa forge en avertir l'époux.
Le malheureux lui dit: «C'est fort aimable à vous»,
Puis, d'un farouche élan dont il ne fut pas maître,
Comme s'il eût frappé sur le crâne du traître,
Il brisa d'un seul coup un casque qu'il forgeait.
Alors, sans dire un mot, roulant un noir projet,
Il réveille le feu dans la fournaise éteinte
Et la chanson du fer sur l'enclume qui tinte,
Et, de mille métaux merveilleux et subtils,
Forme une vaste trame aux invisibles fils,
Un lumineux tissu fait d'innombrables mailles,
Transparent, et plus fort que d'épaisses murailles.

⁎

Donc, couvant la vengeance et remâchant l'affront,
Il va chez lui clopin clopant; fixe au plafond,
En cercle, ces réseaux qui des poutres descendent
Plus légers que des fils d'araignée, et qui pendent
Jusqu'au sol, entourant le lit déshonoré.
D'un art si captieux le piège est préparé
Qu'en ce filet magique, infrangible, invincible,
Inextricable, aux yeux des Dieux même invisible,
Il est aisé d'entrer, mais non pas d'en sortir.
Puis le noir forgeron fait mine de partir
Pour Lemnos, noble ville où sa forge flamboie.
Mars était aux aguets: il entend avec joie

Décroître lentement, perdu dans le lointain,
Le bruit irrégulier de son pas incertain.
Vite il court au palais du boiteux. Dans sa chambre
L'attend Cypris au sein de rose, aux lèvres d'ambre.
Il la prend par ses bras qui sentent le benjoin:
«Colombe, allons dormir, dit-il; l'autre est bien loin,
Et, si j'en puis juger à sa démarche ingambe,
Il doit être à Lemnos, dans sa forge qui flambe.»
Vénus sourit, et cède au guerrier sans ennui:
Car elle ne hait pas de dormir avec lui.

*
* *

A peine ils sont au lit, sans péplos ni tunique,
Que tout à coup (par un secret de mécanique
Que n'a point expliqué le rhapsode ignorant)
Le filet merveilleux, qui d'abord s'entr'ouvrant,
Perfide, avait livré passage au divin couple,
Se ferme et, d'une étreinte irrésistible et souple,
Enveloppant le lit et les deux amoureux,
S'applique étroitement et se colle sur eux:
Tel, au sortir du bain, le soir, sous la feuillée,
Le lin, pressant la vierge effarée et mouillée,
Dessine les contours de ses flancs ingénus.
Mars battait le filet de ses deux poings; Vénus
Tordait comme un serpent son corps flexible et tendre:
En vain. «Ah! dit Cypris, je m'y devais attendre.
C'était bien mal, vois-tu, ce que nous faisions là!»
Et, ce disant, un flot de larmes ruissela
De ses yeux innocents de Déesse et de Reine:
Tel scintille un collier de perles qui s'égrène.
«Tête et sang! disait Mars cachant mal son effroi,
Si j'avais seulement mon grand sabre sur moi!»

115

Sur l'avis du Soleil, l'irascible bancroche
A rebroussé chemin. Il accourt, il approche,
Son pauvre pied, dont rit Cythérée aux yeux bleus,
Traçant dans la poussière un sillon anguleux
Comme un soc que dirige une main enfantine.
Il franchit du palais la porte adamantine,
Voit le lit criminel et le couple odieux,
Et d'une voix terrible il appelle les Dieux:

*
* *

«Jupiter tout-puissant, Roi du céleste empire,
Bienheureux Immortels, accourez, venez rire!
Mars est pris! Vénus l'aime, hélas! parce qu'il est
Bien fait et leste; et moi, je suis infirme et laid
Et je n'ai que rebuts de la Déesse blonde.
Ah! pourquoi mes parents m'ont-ils donc mis au monde?
Est-ce ma faute, à moi, si je suis fait ainsi?
Or, voyez de quel front ils sont couchés ici
Sur mon lit, dans ma chambre! Oh! l'étrange supplice!...
Mais, j'en jure l'enfer! la gueuse et son complice
Bientôt ne voudront plus, même pour un moment,
D'un tel repos, encor qu'ils s'aiment tendrement.
Je me venge, je suis content, quoique je pleure!
Mes filets les tiendront prisonniers, jusqu'à l'heure
Où le père douteux de cette saleté
M'aura rendu l'argent qu'en ma simplicité
J'offris pour obtenir la main d'une femelle
Aussi vile que blanche, aussi fausse que belle!»

*
* *

116

Ainsi criait Vulcain, tragique et se dressant
Sous les voûtes du grand palais retentissant;
Et l'enragé boiteux, dont l'œil jetait des flammes,
Semblait grandir... Alors (ô faibles cœurs de femmes!)
En le voyant ainsi, Vénus, sous le filet,
Réfléchit qu'après tout il n'était point si laid...

*
* *

A l'appel du boiteux criant son infortune
Aux quatre vents, accourt son beau-père Neptune,
Puis Phébus, l'infaillible archer aux cheveux blonds,
Le brun Mercure ayant des ailes aux talons,
Et d'autres commensaux des tables éternelles
(Mais la pudeur retient les Déesses chez elles).
Ils sont repus, joyeux, auréolés de frais.
Dès qu'ils ont aperçu, palpitants sous les rets,
Mars et Vénus, un rire inextinguible, immense,
S'élève, et par instants décroît, puis recommence
Ébranlant de ses longs éclats tonitruants
Le portique sonore et les piliers géants.

*
* *

Phébus surtout riait, roulant une pensée
Folâtre: «Ami Mercure, ô porte-caducée,
Consentirais-tu pas, dit-il, fût-ce à ce prix,
A dormir sur le sein de la blonde Cypris?
— Plût aux dieux! répondit le beau courrier. Dussé-je
Tomber dans un semblable et plus terrible piège
Et subir des liens trois fois aussi pesants;
Dussé-je avoir, captif de ces rets mal plaisants,
Tous les Dieux pour témoins et toutes les Déesses,

117

Je voudrais, insolent et le nez dans ses tresses,
Tenir entre mes bras Vénus au sein fleuri!»
Il dit; et derechef, — sans respect du mari
Qui, les sourcils froncés, grognait, peu débonnaire, —
Le rire olympien gronda comme un tonnerre.

*
* *

Mais Neptune, anxieux, ne riait nullement.
«Mon gendre, disait-il, voyons, soyez clément,
Délivrez ces enfants: Mars vous paiera l'amende.
— Lui? Ma naïveté, dit Vulcain, serait grande.
Morbleu! je ne suis pas si facile à duper!
Et, s'il fuit sans payer, comment le rattraper?
— S'il fuit, je vous paierai moi-même, dit Neptune.
— Allons, soit! Je vous crois, beau-père, Et sans rancune!»

*
* *

(Voilà ce qu'à souper, en des temps très anciens,
Contait Démodocus chez les Phéaciens).

II

LA NOUVELLE

Près de rompre la trame invisible et tenace
Où s'agitent, pareils aux poissons dans la nasse,
Vénus aux cheveux d'or et son beau cavalier,
Vulcain changea d'avis, et d'un ton singulier:
«Ma foi, dit-il, j'ai tort! et, réflexion faite,
J'étais un malappris d'interrompre leur fête.
Ils se trouvent bien là: qu'ils y restent! Et vous,

118

Rassurez-vous, beau-père, et gardez vos gros sous!
C'est vrai, je n'ai pas su comprendre votre fille,
Mais j'aurais dû sauver l'honneur de la famille
En me taisant au moins, comme fait tel et tel.
Messieurs les Citoyens de l'Olympe immortel,
Prenons congé. Bonsoir. C'est l'heure de la soupe.»
Ainsi dit le boiteux; et la divine troupe,
Le jugeant un peu fou, sortit en clabaudant.
«J'ai là, se dit Neptune, un gendre accommodant.
Mais pourquoi ce tapage alors, et ces histoires?»
Et le Dieu regagna, de ses promptes nageoires,
Sa grotte cristalline où fleurit le corail.

*
* *

Vulcain fut à Lemnos et reprit son travail.
Tant que dura la nuit, muet, sans savoir presque
Ce qu'il faisait, armé d'un marteau gigantesque,
Sur l'enclume sonore il frappa comme un sourd.

*
* *

Il revint au palais dès le lever du jour...
Sous le filet divin, la Reine de Cythère,
Avec des cris et des soubresauts de panthère,
De ses ongles roses griffait son compagnon
Qui fort brutalement lui tordait le chignon
Et tirait à pleins poings sa chevelure éparse.
Elle l'appelait monstre, il la traitait de garce...
Et, déridant son front, encor que trop chargé,
L'ingénieux Vulcain se dit: «Je suis vengé.»

119

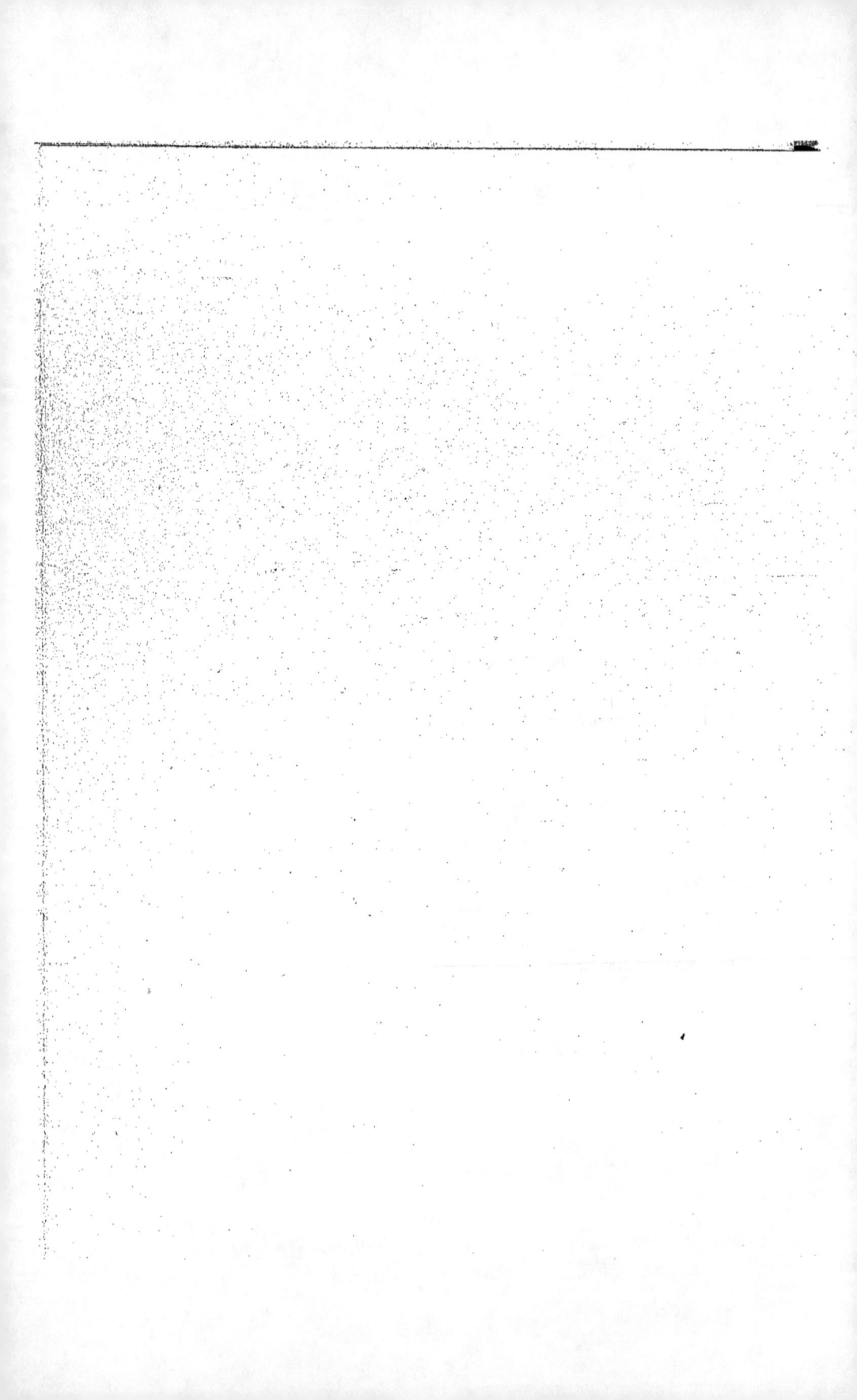

IV. LARES *)

LES MORALISTES FRANÇAIS *)

L'AUTEUR DE L'IMITATION

I

IL touche au but rêvé, le pieux solitaire.
Parents, amis, plus rien ne l'attache ici-bas.
Il n'a plus de désirs. Il est triste, il est las
Et plein d'un grand mépris des choses de la terre.

Il a donc, jusqu'au bout, accompli l'œuvre austère.
Il est saint, maintenant, sans efforts ni combats,
Mais sans plaisir. Il veut pleurer, et ne peut pas.
Il veut prier: son cœur ne sait plus de prière.

Froid, et l'acédia lui desséchant la peau,
C'est un homme de marbre assis sur un tombeau…
Jésus entre soudain, face pâle et divine.

La cellule s'emplit d'un mystérieux jour
Et, sous le doigt de feu qui touche sa poitrine,
Le cœur du moine éclate et se fond en amour.

---

*) L'édition originale porte cette dédicace: A. M. Lucien
Metgé.

MONTAIGNE

II

IL vit un vague essaim de «comment», de «pourquoi»,
Tourbillonnant sur l'homme et sur son aventure,
Sur la cause et la fin, sur Dieu, sur la nature,
Sur la vertu, les mœurs, la coutume et la loi.

Mainte explication sollicitait sa foi :
Il n'y trouva qu'erreurs, sophismes, imposture.
Mais, n'étant pas de ceux que l'énigme torture,
Il dit: «Que savons-nous?» sourit, puis se tint coi.

Tous ces doutes épars, flottants parmi les brumes,
Légers, inconsistants, et pareils à des plumes,
Il sut, les rassemblant, s'en faire un oreiller.

Ami du relatif, épris de la nuance,
Il s'amusait du monde et, sans plus sourciller,
Il regardait passer l'éternelle «muance».

PASCAL

III

TU voyais sous tes pas un gouffre se creuser
Qu'élargissaient sans fin le doute et l'ironie ;
Et, penché sur cette ombre, en ta longue insomnie,
Tu sentais un frisson mortel te traverser.

A l'abime vorace, alors, sans balancer,
Tu jetas ton grand cœur brisé, ta chair punie,
Ta rebelle raison, ta gloire et ton génie,
Et la douceur de vivre et l'orgueil de penser.

Ayant de tes débris comblé le précipice,
Ivre de ton sublime et sanglant sacrifice,
Tu plantas une croix sur ce vaste tombeau.

Mais sous l'entassement des ruines vivantes
L'abime se rouvrait, et, prise d'épouvantes,
La croix du Rédempteur tremblait comme un roseau.

LA ROCHEFOUCAULD

IV

HONNÊTE homme égaré dans un mauvais chemin
Et penseur compromis dans les luttes vulgaires,
Quand, meurtri par le choc des vanités contraires,
De la vile mêlée il put sortir enfin,

Il revit son passé d'un œil cruel et fin :
Il levait à loisir les masques peu sincères,
Et froid analyseur, il ne croyait plus guères,
Pour en avoir pâti, qu'à l'égoïsme humain.

Alors, pour se venger de sa mésaventure,
Féroce, il décria notre pauvre nature
En brefs alinéas tout gonflés d'âcretés.

Scrutant nos actions et leurs ressorts intimes,
Il n'oublia, je crois, parmi nos vanités,
Que celle qui consiste à faire des maximes.

126

CORRECTIF

J'AI relu La Rochefoucauld :
Je m'étais trompé sur son compte.
Je le dis à ma grande honte,
Je parlais de lui comme un sot.

Sévigné le prisait très haut :
Voyez tout ce qu'elle raconte
De sa tendresse aux larmes prompte.
Ce n'est point un monstre, il s'en faut.

Et sont-ce maximes perverses
Que les *Réflexions diverses* ?
J'y trouve indulgence et raison.

Sa bonté fût-elle un peu triste,
Nul n'est meilleur qu'un pessimiste
Quand il se mêle d'être bon.

LA BRUYÈRE

V

LA messe où vont les grands pour adorer le prince
Qui semble adorer Dieu; le cuistre, le dévot;
Le noble, le bourgeois, l'un méchant, l'autre sot;
Les gens d'ample équipage et de probité mince;

Le vieux monde défunt, ville, cour et province,
Passait, faisait son bruit. — L'estimant ce qu'il vaut,
Le discret La Bruyère, artiste sans défaut,
Fixa ce défilé d'un trait net, et qui pince.

Mais, — tandis qu'il peignait d'un style compliqué
Les masques fiers ou plats du siècle emperruqué,
Affinant ses tableaux subtils et pittoresques, —

Un jour Jacques Bonhomme attendrit ce moqueur, *)
En voyant les souffrants derrière les grotesques,
Ce styliste accompli fut un homme de coeur.

---

*) Variante de l'édition de 1896:
Curieux de l'envers du décor, ce moqueur
Découvrit les souffrants derrière les grotesques, —
Misanthrope très tendre et styliste au grand cœur.

VAUVENARGUES

VI

L'HONNÊTE Despréaux dit cette vérité,
«Qu'on peut être un héros sans ravager la terre».
J'en sais un, des meilleurs, cœur tendre et solitaire,
Grand sous les coups obscurs d'un sort immérité.

Pauvre, et brutalement dans l'ombre rejeté,
Exclu de l'action, malade, rien n'altère
Sa sagesse précoce et qu'admirait Voltaire,
Sa confiance en l'homme et sa sérénité.

Le plus jeune parmi les saints de la pensée,
Il fait rêver de fleur dès le matin brisée, *)
Fleur modeste, au parfum salubre et cordial.

Héros sans faste, il fut jusqu'à l'heure suprême
Doux à la vie, hélas! qui le traitait si mal,
Et mourut à trente ans, optimiste quand même.

---

*) Variante de l'édition de 1896: froissée.

JOUBERT

VII

LE corps est la force fatale
Qui nous rive au pays d'exil.
Un corps, Joubert en avait-il?
N'est-ce pas guenille trop sale?

Sur la réalité brutale
Ta pensée, ô rêveur subtil,
Ténue et souple comme un fil,
Tissait une gaze idéale.

Et donc tu raffinais sur Dieu,
Sur l'éthique et sur l'esthétique,
Vaporisant l'homme par jeu.

La matière t'arrêtait peu...
Épicurien angélique,
Tu voyais bleu, tout bleu, tout bleu.

130

AUTRES *)

RABELAIS

A Louis Bauzon **)

C'EST un tonneau profond et large, au vaste flanc,
Ventru comme Silène et grand comme la tonne
D'Heidelberg; une cuve où le vin pur bouillonne
Et déborde joyeux et d'un flot turbulent.

Raison, sagesse, rire énorme et bienveillant,
Science, poésie héroïque et bouffonne
Composent sa liqueur, que boit, la trouvant bonne,
Tout esprit sans détour, masque ni faux-semblant.

Moi, sous le robinet, dessanglé, je me couche
Sur le dos; le bon jus me tombe dans la bouche;
J'avale, et sans lâcher je me soûle en riant.

Car ton vin, Rabelais, — ô l'admirable chose! —
Aide à marcher plus droit quiconque s'en arrose,
Fait la tête plus saine et l'œil plus clairvoyant.

*) L'édition de 1896 porte: „Quelques autres" et numérote
à la suite les sonnets.
**) Seule, l'édition originale porte cette dédicace.

131

DESCARTES

QUE fuyais-tu, penseur, quand ton inquiétude
Vaguait par les chemins d'Amsterdam à Paris
Et dérobait ta piste à tes meilleurs amis,
Descartes, fier génie, âme ombrageuse et rude?

Tu fuyais tous les jougs chers à la multitude,
L'opinion, collier du vulgaire soumis,
Et la tradition qui nous tient endormis,
Et l'asservissement qui naît de l'habitude.

Pour conquérir le vrai, de solitude épris,
Tu cherchais, grand aïeul, Sauveur de nos esprits,
Dans ta fuite sans fin la liberté sereine.

Déjouant des milieux l'obscure trahison,
Tu retrouvais, héros qui relève une Reine,
Les titres oubliés de l'humaine raison.

BOSSUET

DÉFENSEUR et captif altier du rite ancien,
Prophète du passé, tes lèvres sans souillure
Du charbon d'Isaïe ont gardé la brûlure...
Tu fus Mage et Pontife, et tu n'inventas rien.

Quelque chose d'humain pleure, rit ou murmure
Dans les vibrations du luth aonien ;
Quand sonne le clairon de cuivre, l'on sent bien
Que l'âme d'un vivant souffle à son embouchure :

Mais la cloche impassible envoie au ciel serein,
Sans que rien de mortel tourmente son airain,
Son chant religieux, sublime et monotone.

Cloche dont Jéhovah tient la corde en ses mains,
Ainsi ta grande voix, Bossuet, gronde et tonne
Loin de nos fronts d'argile et loin des bruits humains.

FÉNELON

UTOPISTE chrétien frotté de miel attique,
Qui paras d'une croix ton écusson ducal,
Saint féru d'amour pur, sage au creux idéal,
Implacablement doux, fuyant, ailé, mystique ;

Toi qui fondas Salente, absurde république,
Qui changeas en nigaud ton disciple royal,
Faux Grec pour qui Molière est bas et trivial,
N'es-tu qu'un bel esprit malade et chimérique?

Douteux génie, étrange en ta complexité,
Qui prônais la nature et la simplicité,
Un charme inquiétant respire dans ton œuvre,

Un charme féminin on ne sait d'où venu.
Un obscur Apollon te fit cygne et couleuvre,
Et, souvent tortueux, tu restes ingénu.

134

MADAME DE SÉVIGNÉ

SAISON, gaîté, caprice, élégance et franchise,
Sont-ce là tous vos noms ? Il en manque, je crois,
Dame illustre parmi ces dames d'autrefois
Que d'un soin curieux notre âge divinise.

Bel esprit qui gardiez sous la culture exquise
L'indigène saveur du vieux terroir gaulois,
Votre plume qui court libre de sottes lois,
Fière, a piqué mon cœur de vilain, ô marquise !

Et je songe sans haine et sans courroux, ma foi !
— Pendus de la Bretagne, hélas, pardonnez-moi, —
Au vieux monde où put naître une telle merveille.

L'oisive fleur n'a point à se justifier
Des meurtres et du sang qui la font si vermeille :
Sans doute à sa corolle il fallait ce fumier.

CORNEILLE

CORNEILLE, ô demi-dieu, vieux maître de la scène,
En toi cohabitaient, je ne sais trop comment,
Un rhéteur cauteleux abominablement,
Un poète escarpé, de taille surhumaine.

Magnifique pédant, ta grande âme romaine
Ergotait volontiers en avocat normand :
Tu portais dans ton cœur, bizarre accouplement,
Le sublime et le faux, Rodelinde et Chimène.

Le rhéteur emphatique et tortueux mena
Le poète ingénu de Cid en Suréna ;
Et, dans ce duel, longtemps on les vit se débattre.

Ton lourd génie, allant de l'énorme au subtil,
Escaladait le Ciel, puis, Titan puéril,
S'escrimait puissamment à fendre un fil en quatre.

RACINE

J'EUS cette vision : Sous un royal portique, *)
L'Andromaque d'Hector, Monime en voile blanc,
Junie et Bérénice et Phèdre au pas tremblant,
Erraient avec leurs sœurs, groupe mélancolique.

Et leur douleur sans cris et leur maintien pudique,
Leurs robes d'or pâli, leur parler noble et lent,
De très loin, m'apportaient comme un vague relent,
D'élégance fanée et de grâce classique.

Mais autour de leur col et sur leur sein de lait
Maint collier de très purs diamants ruisselait
D'une splendeur toujours jeune, toujours divine.

Et parmi les langueurs et parmi les pâleurs
Scintillaient, seuls vivants, ces feux ensorceleurs ;
Et ces joyaux étaient les larmes de Racine.

----

*) Ces deux quatrains figurent dans l'édition de 1896 :
J'eus ce rêve. Aux jardins bleuâtres d'Idalie,
Bérénice, et sa sœur Monime en voile blanc,
Roxane aux yeux creux, Phèdre, une blessure au flanc,
Traînaient leurs pas muets et leur mélancolie.

Leurs robes d'or éteint, leur corps frêle qui plie
Leur souffrance sans cris, leur parler noble et lent,
Leurs gestes las, avaient comme un charme dolent
D'élégance fanée et de grâce pâlie...

BOILEAU

QUI ne t'honore point n'aura pas mon estime.
De la fleur du bon sens ton petit livre est plein;
Sagement, deux à deux, tes vers vont leur chemin,
Amis de la Raison, taquinés par la Rime.

Ton cœur de dur régent fut parfois magnanime:
Tu jugeas grand sur tous ton ami Poquelin;
Tu brusquas un jésuite, ô Français né malin,
En lui criant tout haut que Pascal est sublime.

Et si tes vers prudents ménagent la couleur,
S'ils ne pèchent jamais par excès de chaleur,
Je te pardonne, va, lorsque je considère,

Brave rimeur de froide et correcte façon,
Que tu perdis, enfant, «une très jeune mère»,
Et que, maussade et sourd, tu mourus vieux garçon.

LA FONTAINE

JEAN, vieil enfant grivois, réfractaire innocent,
Tu vécus oublieux, voulant dormir et boire,
Libre songeur perdu dans un monde oratoire
Et gaulois fourvoyé dans un siècle décent...

Père et mari distrait, ami reconnaissant,
Ton cœur, plus d'une fois, fit preuve de mémoire,
Tu fus un parasite, un bohème notoire :
Mais la Muse t'aimait, rieuse et te berçant.

Tu butinais, candide et d'une ardeur pareille,
Boccace, Rabelais, Platon : telle l'abeille
Cueille partout son miel quand mai fleurit les bois.

Tu fus, ô Champenois, plein de grâces antiques,
Plaisant et familier entre tous les attiques,
Comme tu fus attique entre tous les gaulois.

MOLIÈRE

ON ne rit pas toujours, maître, à ta comédie.

Lorsque Georges Dandin, que ta farce châtie,
Bafoué par sa femme et largement cocu,
Récite à ses genoux, d'un ton peu convaincu,
Le long confiteor dicté par Sottenville,
C'est sans doute un énorme et parfait imbécile,
Mais il souffre après tout, et désespérément,
Et hors de l'atellane il m'emporte un moment.
Sa douleur de Jocrisse encorné m'émeut presque :
Ce niais est navrant encor qu'il soit grotesque.
Pour peu que l'on y songe, on entrevoit soudain
Un drame sous la farce, un martyr chez Dandin;
Et l'on ne se sent plus le courage de rire,
Quand, morne et d'une voix serrée, on l'entend dire :
«Lorsqu'on eut le malheur d'épouser comme moi
Une méchante femme, il ne reste, je crois,
Qu'à se jeter à l'eau la tête la première!»

*
* *

Bélise, de moëlleuse et douceâtre manière,
Autour d'un vieux mari gonflé de lavements
Veille, le grise avec des petits mots charmants,
Arrange ses coussins, et l'étourdit sans trêve
D'un caquet de nourrice en attendant qu'il crève :
«Qu'avez-vous donc, mon cœur?... Pauvre petit mari!
Là, là, tout doux, mon fils!... Doucement, mon chéri.»
Et puis, l'instant d'après, quand il parle de faire
Son testament: «Mon Dieu! voulez-vous bien vous taire?
S'il vient faute de vous, je veux mourir aussi!

140

Et qui souffre de voir le mensonge et le mal.
Un grotesque doublé d'une bête féroce,
Hi… Combien disiez-vous avoir d'argent ici ?»
J'ai peur en vérité de cette vieille chatte
Et de sa voix mielleuse et de sa douce patte,
Et, si j'ai ri, je suis prêt à m'en repentir:
Tant, pour moi, ce constraste est cruel à sentir
Entre les mots plaisants et les actions sombres !

*\
* *

Don Juan, moins Sganarelle, est un drame plein d'ombres.
Le juste à ton aspect d'épouvante s'émeut,
Tartuffe ! — Du tragique, on en voit tant qu'on veut
Au théâtre effrayant du grand rieur Molière.
Non que ce soit jamais son goût ni sa manière
De vouloir au comique amalgamer l'horreur,
Ni qu'il aime à mêler sa farce de terreur :
C'est qu'il voit clair et loin ; c'est qu'il est impossible,
Même à qui veut tout voir par le côté risible,
De descendre si creux au fond du cœur humain
Sans que l'éclat de rire agonise en chemin,
Sans que la raillerie expirante s'éteigne,
Pur acier que ternit la blessure qui saigne,
Et dans l'âme attristée ou l'esprit effrayé
S'assombrisse en terreur ou languisse en pitié.
Tel défaut, tel travers est pour un œil novice
Un ridicule : eh non ! c'est un malheur. Tel vice
Vous fait rire d'abord et vous pousse à railler :
Non, non, regardez mieux : il vous fera trembler.
Alceste est un bourru dont l'humeur noire amuse :
Oui, mais c'est un grand cœur qu'une coquine abuse ;
C'est un cœur héroïque, amoureux d'idéal,

141

C'est Tartuffe. Don Juan est charmant, mais atroce;
Et Bélise saurait, si vous changez son nom,
Servir à l'empereur son dernier champignon.

*
* *

Car ce qui fait aux yeux surgir la tragédie,
Ce n'est point une phrase épurée, arrondie,
Ni le marbre «pompeux» d'un portique royal,
Ni le sang, le poison, et «le poignard fatal».
C'est, quels que soient ses mœurs, ses habits et son style,
Où qu'il demeure, aux champs, à la cour, à la ville,
Un homme étudié dans l'antre de son cœur.
Et c'est cet homme-là, juge au rire vainqueur,
C'est cet homme souffrant, pitoyable ou sinistre;
Qu'à travers le bourgeois, le seigneur ou le cuistre,
A de certains moments se plaît à nous montrer
Ta puissante gaîté qui démasque et qui sonde,
«Cette mâle gaîté, si triste et si profonde,
Qu'après qu'on vient d'en rire on devrait en pleurer».

CANDIDE

A Jules Lagneau

JE viens, pour m'égayer, de relire Candide,
Et je me sens, ma foi, triste comme la mort.
C'est léger, c'est charmant; c'est hideux, c'est sordide:
Comme on dit aujourd'hui, c'est fort; mais c'est trop fort.

O grotesques enfants de l'Ironie humaine,
Mornes souffre-douleurs du féroce Destin,
Fous, je vous dis adieu le cœur serré de peine,
Jean qui rit, Jean qui pleure, ô Pangloss! ô Martin!

Je sens en moi — quittant la belle Cunégonde
Qui, violée autant qu'on peut l'être ici-bas,
Effeuilla sa pudeur dans l'un et l'autre Monde —
Sourdre un rire lugubre et qui n'aboutit pas.

Et ce pauvre Candide, est-il assez à plaindre,
Cet étonnant garçon simple comme les fleurs,
Qui, n'ayant jamais su ni soupçonner ni feindre,
S'aventure en riant dans l'antre des voleurs!

Cœur sensible, telle est sa sombre destinée
Qu'il occit, accusant le Sort provocateur
(Dure nécessité pour une âme bien née),
Un bon Père, un vieux Juif, un Grand Inquisiteur!

Et s'il retrouve, au bout de ses vicissitudes,
Sa Dame qu'il laissa belle comme le jour,
Cunégonde a servi sous tant de latitudes
Que ses appas usés feraient vomir l'amour.

143

Et la vieille sans fesse, et qui naquit d'un pape,
De corsaires en Turcs pauvre corps ballotté !
Et Pâquette à Pangloss ouvrant sa chausse-trape,
Corolle où gît le ver d'Amérique importé !

Et Pococuranté qui raille et qui censure,
Tranchant comme un scalpel et froid comme un tombeau,
Et qui, n'aimant plus l'art, croit aimer la nature,
Grand homme dégoûté de tout, même du beau !

Fléaux, peste, naufrage et tremblement de terre,
Tous les hideux aspects que peut prendre la Mort ;
La vie empoisonnée en sa source ; la guerre,
La nature mauvaise et l'homme pire encor ;

Cadavres éventrés sur les champs de batailles,
Atroce oppression des nègres par les blancs,
Festins des noirs mangeant les blancs par représailles,
Filles pleurant d'amour sur des orangs-outangs ;

Bûchers alimentés de graisses hérétiques
Et flambant pour ta gloire, ô sainte Trinité !
Jésuites, argousins, cagots, filles publiques,
Partout luxure et vol, mensonge et vanité ;

Thème où de Bossuet tonnerait l'éloquence,
Les six rois détrônés venus au Carnaval ;
Caprices monstrueux du grand sphinx Providence
Frappant bons et méchants d'un assommoir brutal :

Rien ne manque au tableau. Tu le fis, vieux Voltaire,
A souhait pour l'horreur et de l'âme et des yeux,
Mais en homme de goût, d'une plume légère
Qui court, sans appuyer, dans son chemin fangeux.

L'œil vide, et contemplant ces misères profondes :
«Tout est bien, dit Pangloss, et Leibnitz a raison.
Oui, tout est pour le mieux dans le meilleur des mondes.»
O le cruel refrain à la triste chanson!

Hélas! est-il donc vrai? La vie est ainsi faite?
Et l'homme, vil jouet de la fatalité;
Méchant ou malheureux, quoi qu'il fasse, ô poète,
Doit souffrir sans espoir sous un ciel sans bonté?

Quoi! le monde est ainsi? Soucieux, j'interroge...
Donc, Candide, ta vie est notre histoire? Donc
De chaque illusion le Destin nous déloge,
Comme toi du château de Von Thunder ten tronckh?

Est-il vrai qu'il n'est pas de sagesse meilleure
Que de s'envelopper de calme et de dédain,
De s'attendre toujours à tout, de prendre l'heure
En patience, et puis d'arroser son jardin?

Je ne sais : je connais mal les hommes mes frères.
Tu peignis, j'y consens, d'un trait impartial
Ton pandémonium des terrestres misères ;
Je crois en ta justice, ô railleur infernal.

Et même, en ces tableaux gouailleurs et funèbres,
Parfois, je crois sentir un courroux généreux
Contre le laid, le faux, le mal et les ténèbres,
Contre tout ce qui fait les hommes malheureux.

Mais souvent on dirait que, témoin sans franchise,
Scrutant cet univers de ton œil dur et fin,
Tu ne voulus y voir que honte et que sottise
Pour t'arroger le droit de le railler sans fin.

Quoi! pas un mouvement du cœur! pas une larme!
Ce rire qui fait mal, est-ce donc qu'il te plait?
L'ironie éternelle a-t-elle tant de charme?
Es-tu donc si content que ce monde soit laid?

Heureux qui sur le mal se penche, et souffre, et pleure!
Car la compassion refleurit en vertus;
Et sur l'humanité, pour la rendre meilleure,
Nos pleurs n'ont qu'à tomber, n'étant jamais perdus.

II

Ai-je trop écouté d'enfantines alarmes?
Le rire est généreux, ô roi des grands moqueurs,
Quand c'est le mal qui tremble à ses éclats vainqueurs,
A son bruit de clairon plus puissant que les armes.

Pleurer est dangereux, et plaindre a trop de charmes.
Pour penser, pour agir, en dépit des douleurs,
Il faut voir clair, — et l'œil s'obscurcit dans les pleurs;
Le cœur doit être ferme — et mollit dans les larmes.

146

Le vrai sage peut rire et ne sait pas pleurer,
Préférant, front pensif et qu'on voit s'azurer,
La science féconde à la pitié stérile.

Aristote songeant, Platon fondant ses Lois,
Marc-Aurèle, Epictète ont l'œil sec et tranquille,
Et Christ, l'Homme d'amour, ne pleura qu'une fois.

DOUBLE BALLADE DES POÈTES
VIVANTS EN L'AN 1878*)

Gloria Patri! *Psaumes.*

DANS le bataillon grandissant
Des Chavaliers de Notre-Dame
La Muse au front resplendissant,
Banville tient haut l'oriflamme.
Maint rythme ancien qu'il rétame
Court, bondit, pris de vertigo.
L'or étincelle dans sa trame...
Gloire au Père, à Victor Hugo!

L'immense nirvâna descend,
Leconte de Lisle, en ton âme;
Il apaise ton sein puissant
Comme un mystérieux dictame,
Losque tu médites, ô brahme,
Debout sous un ciel indigo,
Aux bords où boit l'hippopotame.
Gloire au Père, à Victor Hugo!

Le doux Sully va polissant
Ses vers exquis que rien n'entame.
Coppée a le charme enlaçant.
Richepin, que Bouchor acclame,
Chante les gueux, chante la femme
En rimes riches à gogo.
Au fond des bois Theuriet brame.
Gloire au Père, à Victor Hugo!

---

*) Les éditions de 1896 portent pour titre:
,,*Plus que double ballade etc.*"

148

J'aime Laprade bénissant
Le chêne, abri du criptogame,
Ackermann au vers frémissant
Et net comme une bonne lame,
Mendès parfumé de cinname,
Hérédia le hidalgo,
Et Jean Aicard qui couve un drame. *)
Gloire au Père, à Victor Hugo !

Silvestre, Soulary tissant **)
Ses sonnets, Cazalis qui pâme
Dans le grand Tout s'engloutissant,
Mérat qui sur la Seine rame,
Je les dilige et les réclame.
Il n'est rien de tel au Congo
Qu'Ernest, Paul au Léon... Mais dame,
Gloire au Père, à Victor Hugo !

---

*) Variante de l'éd. de '96: „Vicaire au champêtre calame".
**) Voici le texte qui figure dans les éditions après 1896 :
J'honore Soulary tissant
Ses sonnets, Cazalis qui pâme
Dans le grand Tout s'engloutissant,
Mérat qui sur la Seine rame,
Et ce Bornier qui fit un drame.
Il n'est rien de tel au Congo
Que France ou que Dierx... Mais, dame,
Gloire au Père, à Victor Hugo !

Paul Verlaine, bémolisant,
En ton mineur file sa gamme.
De Mallarmé platonisant
Nous vénérons maint cryptogramme

Et France ! Et Lafenestre ! On sent
Que j'en oublie, et je m'en blâme.
La Muse est courue à présent
Autant qu'Hélène dans Pergame
Aux rythmes fiers coiffés de flamme
Plus d'un vainqueur dit : quos ego !
Les fils sont grands, je le proclame :
Gloire au Père, à Victor Hugo !

ENVOI

Prince, aux Rythmes coiffés de flamme
Plus d'un vainqueur dit : « Quos ego ! »
Les fils sont grands, purs de tout blâme :
Gloire au Père, à Victor Hugo !

Dont nous ignorons le sésame.
Silvestre module *largo*
Son sensuel épithalame...
Gloire au Père, à Victor Hugo !

J'en oublie, hélas ! on le sent.
Manuel des Essarts*) réclame...
Ils sont peut-être un demi-cent
Que tous je dilige et rédame.
La Muse, que nul ne diffame,
Allume en eux tel prurigo
Que jadis Hélène à Pergame...
Gloire au Père, à Victor Hugo !

―――――――――

*) Crase, pour « Eugène Manuel et Emmanuel des
Essarts ». (Note de l'auteur).

ÉPILOGUE

SPLEEN

A François Coppée

JE n'ai pas de raison d'être triste ce soir.
Mes livres familiers sont tous là, vers et prose.
Calme et le corps repu, dans ma chambre bien close,
Les souffrances d'autrui ne sauraient m'émouvoir.

Et ce n'est pas non plus le désir de savoir :
Ma pensée indolente et lâche se repose ;
Le problème du mal, et la Fin et la Cause
Ne me tourmentent pas d'un doute sans espoir.

Ce n'est pas que je rêve ou que je me souvienne,
Rien dans mes sens ni dans mon âme d'où me vienne
Ce plat et lourd chagrin dont je suis envahi.

O tristesse sans nom, si vague et si profonde !
Hélas ! je crains de voir ton mystère trahi :
Je souffre uniquement de vivre et d'être au monde.

NOTE

L'édition originale est ainsi présentée :
Jules Lemaître
LES MÉDAILLONS
Puellæ — Puella — Risus Rerum — Lares
1876—1879

PARIS
Alphonse Lemerre, Éditeur
27—31 Passage Choiseul 27—31
1880
in 8° 190 pages — Imp. A. Derenne, Mayenne, Paris Bd. St. Michel 52

Dans la présente édition, on a repris le texte de l'édition originale en
y ajoutant les nouvelles pièces de l'édition de 1896 et en indiquant au
bas des pages les modifications apportées après
la publication de 1880.

152

TABLE

I. PUELLÆ

II. PUELLA

III. RISUS RERUM

IV. LARES — LES MORALISTES FRANÇAIS

AUTRES

ÉPILOGUE

JUSTIFICATION

Les *Bibliophiles Havrais* ont choisi pour la première édition réalisée pour leur Société et pour quelques amateurs de livres, le volume *LES MÉDAILLONS* parce que *Jules Lemaître* compléta et acheva son premier recueil de poèmes dans la ville du Hâvre où il enseignait; le texte a été établi et présenté par *René-Louis Doyon*, imprimé sur la maquette de *Charles Nypels* maître imprimeur à Maastricht (Hollande), avec des lettrines dessinées par *S. H. de Roos* sur les presses de *Leiter-Nypels* à cent vingt exemplaires hors-commerce, numérotés de 1 à 120. Dix exemplaires marqués de la lettre A à la lettre J ont été destinés aux dépôts et aux artisans du présent ouvrage.

Le présent ouvrage est marqué :
lettre

B

imprimé pour
la Bibliothèque Nationale

IMPRIMÉ A
MAASTRICHT
HOLLANDE

www.ingramcontent.com/pod-product-compliance
Lightning Source LLC
Chambersburg PA
CBHW072104090426

42739CB00012B/2857